創造的思考のレッスン

LESSONS IN CREATIVE THINKING

新しい時代を生き抜くビジネス創造力

デザイン事務所 Cauz　株式会社エディットブレイン

芝 哲也　　上野郁江

目 次

はじめに

　2020年、新型コロナウイルス感染症の流行により、緊急事態宣言が出された日本。新型コロナウイルスの影響は日本に限らず全世界にわたりました。同年に開催が予定されていたオリンピックは「延期する」という未曽有の事態に発展し、「近未来で、何が起きるのかまったく予測がつかない」という時代変革が起きています。こういった背景を受け「模範解答のない時代へ突入した」と、多くの方が認識しているのではないでしょうか。

　もとより、少子高齢化で世界から注目を集めている日本は、課題先進国です。解決すべき問題が山積しています。地球温暖化やゴミ問題などの環境問題のほか、2045年にはAIが人間を超えるとされる「シンギュラリティ」が訪れると米国の発明家レイ・カーツワイル氏が予測しています。AIの進化により消滅する職種への対応も考えないといけません。

　激変する社会の中では今までの働き方や考え方が通じません。そこで、近年、企業や中・高、大学で求められるようになったのが創造性（クリエイティビティ）のスキルです。

自分を創造的だと思えない日本人

　しかし、「創造性」という言葉を聞くと、多くの日本人はそのスキルに自信が持てません。実際、クリエイター向けのアプリケーションを販売するAdobe社が2017年に行った調査（「Gen Z in the Classroom：Creating the Future」）によると、12歳から18歳までの日本のZ世代の実に92%は「自分のことを創造的ではない」と思っているのです。この割合はグローバルの同世代（平均44%）に比べて著しく低い結果となっています。

　漫画、アニメ、ゲームなどのコンテンツ産業の発展や、日本古来の茶道、

華道、歌舞伎、能などの伝統芸能、そして建築などが世界に評価されており、Adobe 社の調査では、日本が世界で 1 番創造性が高い国であり、東京は世界で 1 番クリエイティブな都市だと言われています。にもかかわらず、当の日本人は自分たちの創造性について自信が持てていないのです。

また日本では、創造性は特殊な人材の特殊なスキルだと思われがちです。これはクリエイティブ業界が徒弟制度的で「見て覚える」「体で覚える」という教育の仕方をしていることもあり、創造性の育て方が一般化していないことに起因しているように思えます。

高校生は新科目「探究」で創造性を養い始める

一方で、文部科学省は学習指導要領の改訂を行い、「主体的に課題を設定し、情報の収集や整理・分析をしてまとめるといった能力の育成」を目的として、2022 年度から高等学校の「総合的な学習の時間」を「総合的な探究の時間」に変更することを決めています。探究の授業では、「子どもたちが自分で未来を切り拓いていけるように、生きていくための資質・能力を育んでいく」ことを目指し、①学びに向かう力・人間性の育成（学んだことを社会で活かす）、②知識・技能の習得（社会で生きて働く）、③思考力・判断力・表現力（未知のことにも対応できる）を教えます。

まさしく「学びを社会に活かし、未知に対応する力」という創造的思考が養われるわけです。現在の高校生が社会人となる 10 年後には、探究の授業によって創造性が磨かれた人材がビジネスの現場に登場してくることとなります。新入社員の方が創造的思考に長けているといった状況にならないためにも、今後、ますますビジネスパーソンの基本スキルとして創造的思考が求められていくでしょう。

人生 100 年時代の社会人基礎力となる創造性

さらに、AI が人間を超えた時にさまざまな職業がなくなることを予測

したスタンフォード大学のオズボーン氏たちが書いた論文「10 年後になくなる職業（THE FUTURE OF EMPLOYMENT：HOW SUSCEPTIBLE ARE JOBS TO COMPUTERISATION?」（Carl Benedikt Frey and Michael A.Osborne）によると、AI の台頭により、創造性とソーシャルインテリジェンス（コミュニケーション能力）の高い仕事が人間の仕事として残るとされています。

　また、デザインとクリエイティビティを通じて組織の新規事業創出や組織変革をサポートする米 IDEO 社の創設者であるトム・ケリーは「イノベーションを生む原動力はクリエイティビティである」と話しています。このように、産官学を問わず、イノベーション人材の育成が叫ばれている日本において、創造性が人生 100 年時代の社会人基礎力となると言っても過言ではないでしょう。

創造性は誰もが身につけられる

　解は自分で見つけるものであり、創るものです。一般社団法人クリエイティブ思考協会は「創造性の民主化」を掲げ、2018 年 1 月に創設されました。2021 年現在、慶應義塾大学グローバルインターディシプナリーコース（GIC）にて「現代ビジネス論/TOPICS IN CONTEMPORARY BUSINESS1：Make Great Ideas」を担当しています。また、個人向けにソーシャルクリエイターズ・スクールを、企業に向けては個別の創造性研修や、新規事業支援を提供しています。これらの活動の中で伝えているのは、**創造性は、決して特別なスキルではない**ということです。

　協会では創造的思考の中で、特にビジネスの文脈で用いられるスキルを「ビジネス創造力」と位置づけました。このスキルは体系化されているため、誰もが身につけることができます。本書では、解のない時代に突入した現代を生き抜くために必要な「創造的思考」を無理なく身につけられるように、解説しています。

創造性は特別なものではない ── by 芝 哲也

　僕は「デザインがあまりにもできなかった」ので、デザイナーという仕事を選びました。僕には、「仕組みが分からないと前に進めない」という、とても不器用な性質がありました。特に18年前に出会ったデザインには、「この世にこんなに難しいことがあるのか！」と痛感させられました。そして僕は、その難しさに夢中になりました。

　デザインの道に誘ってくれたのがグッドデザイン賞の審査員でもあるNOSIGNER 太刀川英輔さんだったことも大きな要因でした。「デザインができる太刀川さん」と「デザインができない僕」という構図が鮮明に見え、「なぜ、自分はできないのか？」「どうしたらできるようになるのか」を知りたくてデザイナーになることを決め、まったくできない状態からクリエイティブの道を歩むことになりました。

　まず日本の専門学校を経て、カナダのデザインスクール バンクーバー・フィルムスクールでデザインを学びました。カナダの広告代理店 Blast Radius（ブラストレディアス）に就職した後、帰国して太刀川さんのデザイン事務所 NOSIGNER に勤めます。現在は独立して、デザイン事務所 Cauz（コーズ）を設立しました。この間にデザイナー、クリエイターの諸先輩方のさまざまな技術と智恵を教わりました。

　「仕組みが分からないと進めない」という性質を「分かるまでやる」、もしくは「できる方法を開発する」ことで乗り越え、現在は、グラフィック、ロゴ、Web、映像、サービス、プロダクト、写真、街づくり、社会課題解決プロジェクトと、横断的にクリエイティブの技術を使いこなせるようになりました。不器用ゆえに、それらを「教えること」、「協創すること」もできるようになりました。

　僕がやってきたことは「研究」なのではないかという指摘を受けたことを機に、2015年、事務所を続けながら慶應義塾大学大学院システムデザ

イン・マネジメント研究科に入学し、創造性とイノベーションの研究をすることになりました。研究を通じて実践と学術の知見が混ざり合い、「カタチにする方法論」へとまとまっていきました。

　本書では18年にわたって問い続け、自分と自分の仕事を使った実験の末に見つけた「カタチになる」、そして「クリエイティブになれる」方法論を余すところなくご紹介しています。手に取ってくださった皆さんが「クリエイティブになる」ことへの第一歩を踏み出す後押しになれば幸いです。

創造性は特別なものではない —— by 上野 郁江

　幼い頃、映画『スーパーマン』を観て、ヒロインのロイス・レインに憧れた私は、彼女のような「新聞記者になりたい！」と強く願い、その後の人生が変わりました。

　中学・高校では新聞部に入り、学校新聞づくりに明け暮れました。修正指示である赤字との格闘が始まったのもこの頃からです。大学に入ってからは、毎日新聞で学生向け紙面「キャンパる」を担当する学生記者になりました。そこでも、書いた原稿には片っ端から赤字が入り、取材に行けば「準備がなっていない」と先輩にダメ出しされました。

　出版社に入り原稿の執筆や編集をする編集者になってからも、私は落ちこぼれでした。やる気はある。でも、できない。赤字との格闘はその後、2年ほど続きました。

　さらに、企画立案という新たな敵も現れます。世の中に、これまでにない新しい書籍を出すのが編集者の仕事です。売れる本、長く読まれる本、面白い本。とにかく、読者の心を揺るがすような「クリエイティブな本」を作るのが編集者の使命です。私はここでもつまずきました。企画がまったく通らなかったのです。当初、企画の作り方がまったく分からず、企画が通るまで七転八倒したことを覚えています。

そんな私だからこそ自信を持って言えます。創造性や創造的思考は才能ではありません。

　いくつものできない経験を乗り越えた過程で、編集スキルが書籍以外のものにも適用できることに気づき、今では「人や会社を編集する」を掲げて、思考を整理するパーソナルエディターとして経営者に寄り添ったり、社会課題の解決や企業の新規事業支援、創造性教育に従事したりするようになりました。また、答えのない事象をクリエイティブに解決する思考も身につけることができましたが、それらは全て、後天的に体得した技術です。

　共著である芝と私の共通点は「最初、できなかった人」です。できる人がパパッと片付けられることができない……。その状況から、「できるようにするにはどうすればよいのか」という問いを自らに投げかけ、実現に向けて細かいステップを設けて、できるまで検証しながら「できる道筋」（方法論）を作ってきました。

　私たちに才能はありませんでした。しかし、才能がなかったからこそ、「できない」を「できる」に変えるための手順を教えることができると自負しております。

　本書で取りあげる創造性は、ビジネス現場での創造性の活用方法になります。具体的には、「答えのない事象に対してどう解を創り出すか」という頭の使い方と、それを支える技の紹介や創造的思考のトレーニング方法です。特にアイデア発想の技は、企画立案に苦しんでいた当時の私に向けて執筆しました。また、クリエイターがこだわるのは、企画をアイデアで終わらせずに実体のある「形」にして、世の中に届ける（＝カタチにする）ことです。本書ではそのための方法論もまとめています。

　現場で20年かけて蓄積した経験則を形式知化した結晶とも言えるのが本書です。この本を手に取ってくださった皆さんにとって、本書が「クリエイティブになる」ことへの第一歩となりますように。

本書の使い方・ガイド

　本書はレッスン 1 ～レッスン 6 で構成されています。レッスン 1 ～レッスン 3 はビジネス創造力を発揮する基盤であるクリエイティブ思考の解説です。覚えるべき前知識と基本的な技や方法論をまとめました。

　レッスン 4 からは実践編です。日常生活の中で、どのようにビジネス創造力を発揮して物事に対処すればよいか、ToDo リストの作り方、企画書の作り方、チームマネジメントへの活かし方、キャリアマネジメントへの活用などの事例をベースに、レッスン 3 で解説した技や方法論の具体的な使い方について説明しています。

　レッスン 5 はより発展した内容、応用編です。ビジネスの現場では「新規事業を立ち上げよ」との命を上層部から受けて、新たなビジネスを創り出す立場になった人も増えてきています。先の見えない情勢の中、どういったビジネスを立ち上げればいいのか。そのヒントとして、ビジネス創造力を発揮した新規事業の進め方について説明しています。

　レッスン 6 は、日々の生活の中で自身の創造性を伸ばすための方法についてまとめました。日常にはたくさんのクリエイティビティの種があります。それらをうまく活用して、創造性を高めるためのエクササイズについて解説します。

本書の執筆形式

　本書は、この本の主旨でもある「クリエイティビティ」を存分に発揮し、お互いの持ち味を発揮できる形で執筆しました。複数人で本を執筆する際には、章ごとに執筆担当者を割り振る形が一般的ですが、オンライン上で 1 つの原稿データを共有し、リアルタイム執筆が可能な状態で「執筆した原稿をお互いにフィードバック」しあいながら、内容を精錬させるアプロー

チをとっています（この「精錬」プロセスはレッスン2の冒頭で説明しています）。

　そのため、文責が分かるように主筆、副筆を各章扉に記載いたします。また、文中の主語として「僕」「僕ら」という主語は芝が記述しているものを指し、「私」「私たち」は上野が記述しているものを指すことも併せて補足させていただきます。

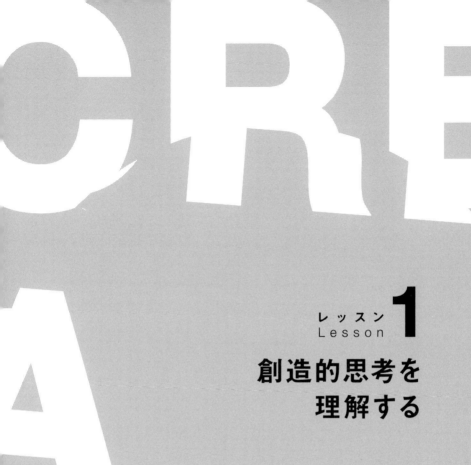

レッスン
Lesson 1

創造的思考を
理解する

主筆：芝 哲也　副筆：上野郁江

1. クリエイティブ思考とは

About Creative thinking

創造性とは、『新編創造力辞典―日本人の創造力を開発する〈創造技法〉主要 88 技法を全網羅！』（高橋誠／日科技連出版社）によると、次のように定義されています。

> 人が、問題を異質な情報群を組み合わせ統合して解決し、
> 社会あるいは個人レベルで、新しい価値を生むこと

本書の著者である芝と上野が理事を務める一般社団法人クリエイティブ思考協会では、この定義をもとに、ビジネスの現場で求められる創造性を「ビジネス創造力」として、次のようにまとめました。

ビジネス創造力とは、
「誰も答えを知らない課題に対して、新しい解を創造する力」
「未来を自分で創る力」である。

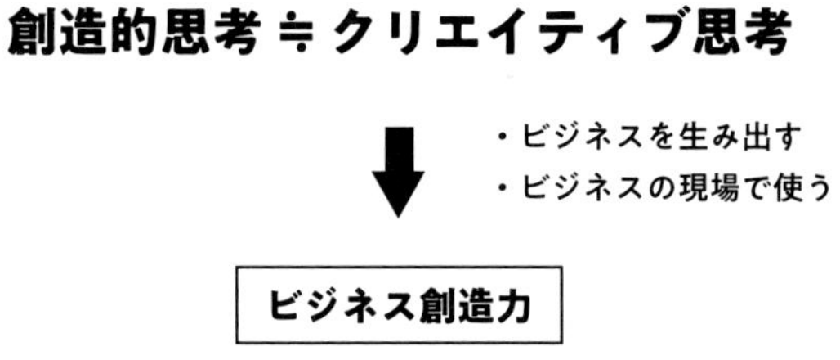

創造的思考 ≒ クリエイティブ思考

↓
・ビジネスを生み出す
・ビジネスの現場で使う

ビジネス創造力

図 1-1　ビジネス創造力を生み出すための創造的思考がクリエイティブ思考

解は自分で見つけるものであり、創るもの。そして、ビジネス創造力を生み出すための創造的思考を**クリエイティブ思考**と定義しています（図1-1）。レッスン1では、クリエイティブ思考とは何か、クリエイティブ思考を身につけると、具体的にどういったスキルを伸ばすことができるのかについて、解説していきます。

クリエイティブ思考は、アメリカで生まれたイノベーションを生むための思考法「デザイン思考」に加えて、日本のさまざまなデザイナーが使っている思考法を集めた「日本式デザイン思考」や、編集者が使っている「編集思考」、プロデューサーが使っている「プロデュース思考」など、さまざまなクリエイターが用いている思考法を包含した概念です（図1-2）。

クリエイターは常に、目に見える「カタチ」あるアウトプットが求められます。デザイナーであればロゴデザインやチラシデザイン、編集者であれば雑誌や書籍、Webメディア、プロデューサーであればテレビやラジオで放送する番組、といったアウトプットが求められます。その背景から

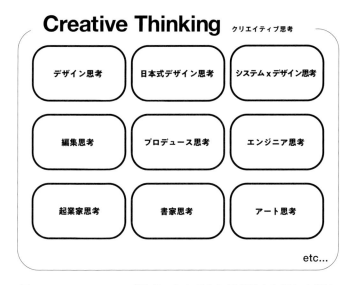

図1-2　クリエイティブ思考はさまざまな思考法を包括した概念

特に、クリエイティブ思考はアイデアにとどまらず「カタチにすることにこだわった」思考法であるとも言えるでしょう。

　このクリエイティブ思考は、目的によって、各クリエイターの持つ思考をモジュール（部品）的に組み合わせるという方法をとります。「新規事業支援」を例に挙げて説明してみましょう。

▶ 新規事業支援におけるクリエイティブ思考

　デザイン思考は、顧客のニーズを理解し、素早くプロトタイプを作成し、創造的なアイデアを生み出すことを目的としたイノベーションへの「人間中心アプローチ」です。製品、サービスプロセス、組織の開発方法を変革するものとされています。

　デザイン思考は、イノベーションを創出する協創のツールとして紹介されブームになったにもかかわらず、日本ではあまり定着していません。その原因には、クリエイティブ・ディレクション（後述）の不在や、アウトプットのクオリティの不安定さ、アウトプット後のプロセス（外部への周知・伝え方）不在などの課題があると考えています。また、個々が多様性

Creative Thinking クリエイティブ思考

目的：新規事業創出

Creative Direction
クリエイティブ・ディレクション

＋

Design Thinking　×　**Japanese Design Thinking**
デザイン思考　　　　　　日本式デザイン思考

Editorial Thinking
編集思考

Produce Thinking
プロデュース思考

Entrepreneur Thinking
起業家思考

etc..

図1-3　クリエイティブ・ディレクションを中核に、デザイン思考を補強

を発揮しながら協創するプロセスが、空気を読み、人の意見を尊重してしまいがちな日本人の思考体系には少し合っていないと分析しています。

そこで、クリエイティブ思考では、新規事業創出を目的とした場合には、クリエイティブ・ディレクションを中核に据えた上で、電通や博報堂などの広告代理店、デザイン事務所などで一般的に使われている日本のデザイナーの思考体系、書籍や雑誌などを作る時に編集者が行っている編集の手法、テレビ業界や社会問題解決などのプロデューサーの手法などを体系化し取り入れ、デザイン思考を補強します（図 1-3）。

▶ クリエイティブ・ディレクションとは

クリエイティブ・ディレクションとは、制作において、ゴールを決め、方向性を見いだし、実現へ導く方法です。クリエイティブ思考では、クリエイティブ・ディレクションの考え方を中心に据えています。

世界的な広告賞であるカンヌライオンズ国際クリエイティビティ・フェスティバルの審査員でもある電通のクリエイティブディレクター（シニア・プライム・エグゼクティブ・プロフェッショナル）古川裕也氏は、著書『すべての仕事はクリエイティブ・ディレクションである』（宣伝会議）の中で、次のように紹介しています。

クリエイティブ・ディレクションという仕事は、以下の4つ
で成り立っている。
①ミッションの発見
②コア・アイデアの確定
③ゴールイメージの設定
④アウトプットのクオリティ管理

一般的にデザイナーは経験を積むとアートディレクターになり、やがて

クリエイティブディレクターとなります。その過程で、自然とこれら4つの工程を踏まえてアウトプットを出すことが求められ、各工程で求められる考え方やスキルを身につけていきます。しかし、残念ながら、この工程がデザイン思考ではまったく説明されていません。

そこで、クリエイティブ思考では、デザイン思考にクリエイティブ・ディレクションの考え方を付加しました。クリエイティブ思考はクリエイティブ・ディレクションを踏まえたワークショップを複数導入しているイノベーション創出手法だとも言えます。

▶ ファシリテーションとクリエイティブ・ディレクションの違い

クリエイティブ・ディレクションの説明をすると、よくファシリテーションとはどう違うのかと、質問を受けることがあります。日本ファシリテーション協会のホームページには、ファシリテーションについて次のように記載されています。

> ファシリテーションとは、人々の活動が容易にできるよう支援し、うまくことが運ぶよう舵取りすること。集団による問題解決、アイデア創造、教育、学習等、あらゆる知識創造活動を支援し促進していく働きを意味します。

対話のファシリテーションは「何もしないをする」ことが基本と言われるように、話しやすい環境、つまり「場」を整えつつも、介入しないことを旨としています。これは関係構築や相互理解を深めることを目的とした対話などに適した方法ですが、アイデアを出して形にするためには少し足りません。ファシリテーションがアイデア出し自体には介入しないのに対して、クリエイティブ・ディレクションはある程度方向づけをして介入し

ます。

　アイデアを形にするという目的がある場合には、クリエイティブ・ディレクションを導入する、もしくはクリエイティブ・ディレクションが練り込まれた手法を使って方向づけすることで、成果物のクオリティを高めることができます。

　本書では、クリエイティブ・ディレクションを取り入れ、ミッションを発見しゴールイメージを確定するためのワークショップや、コア・アイデアを確定するためのワークショップ、クオリティを理解するための練習法などを紹介しています。

　ただし、クリエイティブ・ディレクションによる方向づけはワークショップの全体設計の段階で意図しておく必要があります。つまり、全体設計の時にワークショップで実施する全てのワークごとにディレクションを想定して設計し、本番まで一気通貫して行うとよいでしょう。

▶ 今までの考え方に加えて、創造的思考を身につけよう

　現代の教育では、正しい答えは１つで、正しい答えを出す方法も決まっていると教えられてきました。教えられた方程式や答えはいつも正しく、それらを暗記して使えるようにすることが教育だと信じられてきました。

　しかし、世の中には、割り切れないことや板挟みの中にあること、白黒はっきりつかないことがほとんどです。不条理なことや人の気持ちなどは方程式では解けません。科学の世界でも、複雑系という領域の発展により、方程式は、初期値の誤差が世界で１番小さな数である 10 の 100 乗分の 1 $\left(\dfrac{1}{1 \text{グーゴル}}\right)$ でもあると崩れてしまうと分かり、世界は曖昧で複雑であり、機械的な方法で全てが解けるわけではないと認知されています。これは、リーマンショック以来、経済学でも同様に言われるようになりました。

　科学の世界でも金融の世界でも、想定外のことは起こると受け入れたことで、答えが１つとは限らない、絶対的な答えは導かれないという考え方

が広まり、現在は不確実性の時代「VUCAの時代」と言われています。VUCAとは、Volatility（変動性・不安定さ）、Uncertainty（不確実性・不確定さ）、Complexity（複雑性）、Ambiguity（曖昧性・不明確さ）の頭文字をつなげたもので予測不可能な時代という意味です。そんな時代だからこそ、答えを創り出す力、創造的思考が求められています。論理を軸にした今までの考え方に加えて創造的思考を身につけましょう。

　VUCAの時代では、1つの問いに対して解き方も解もたくさんあります。絶対的な答えはなく、個別最適化された答えがその都度作り出されていきます。誰も答えを知らないので、答えは事前に誰かに与えてもらえるわけではありません。たくさんの答えを生み出し、試してみることで、少しずつ個別最適な答えらしきものに近づいていくのです。

　ここで皆さんに、パソコンの父と呼ばれる、アラン・ケイの次の言葉を贈ります。

> 未来は予測するものではない。自らが創るものだ。

　まずは、未来は予測不可能で、絶対的な答えはないということを受け入れる必要があります。無数にある課題を解決する確実な方法は、誰も知りません。しかし、**誰も知らないということは逆に自分で創り出すこともできる**ということです。未来予測をするのに1番簡単な方法は、自分で未来を創ることです。どれが最善の手なのかを自分で試行錯誤しながら見つけることが大切になります。

　答えは与えられるものではなく、自ら創り出していくものに変わったのです。ビジネス創造力は、ビジネスの現場で創造的思考を発揮しながら「誰も答えを知らない課題に対して、新しい解を創造する力」であるとともに、「未来を自分で創る力」です。自ら答えを創り出していくための道しるべとして使ってください。

2. 創造的思考に必要な6つの力

The Six Necessary Skills for Creative Thinking

創造的思考を発揮してビジネス創造力を伸ばすためには、次の6つの力が必要になります。

1) 固定観念にとらわれない柔軟な思考力
2) 概念をつなげ、新しい概念を創造する力
3) 理想から逆算するバックキャスティング力
4) アブダクション力（直感・ひらめき）
5) 「未知の事象」へのマネジメント能力
6) 自己との対話力（セルフブランディング力）

1 固定観念にとらわれない柔軟な思考力

答えのない事象への解を生み出すためには固定観念にとらわれない柔軟な思考力が必要となります。実際、コロナ禍で今までにないビジネスがたくさん生まれました。それは、さまざまな制約の中で工夫を迫られ、変わらざるを得なかったからです。ピンチをチャンスとして捉え、新しいことに挑戦した人たちは、新しい可能性を切り開いています。

例えば、東京・中目黒にオープンした「完全非接触」のバーガーショップ「ブルースターバーガー」は、常に素材の鮮度と作りたてにこだわり原価率68％の商品を提供するバーガー屋さんです。レジに人を配置せずオンラインで注文・決済を済ませ、商品の完成後、棚に並んでいる商品をお客さんが取りに行く方式にしたことで、完全にワンオペレーションが可能

となり、原価率30%が一般的とされる今までの常識を覆しました。

　また、ニューヨークで生まれた「ゴーストキッチン」という新しい業態にも注目が集まっています。ゴーストキッチンは1つの店舗で複数のブランドを同時展開することによって、固定費のコストダウンとテストマーケティングを同時に行える新しい店舗運営の方法です。例えば、ヘルシー系サラダ専門ブランド「さらだのあるせいかつ」と、がっつり食べられるジャンクフード専門ブランド「きょうだけはゆるして」、麻婆豆腐専門ブランド「Tokyo MABO」など、それぞれ違ったコンセプトのブランドを1つの店舗で複数運営しています。

　これはコロナ禍においてデリバリーが一般化し、デリバリー注文サイトに登録さえすればブランドごとに店舗を持つ必要がなくなった点に着目し、クリエイティブに展開した良い例です。複数ブランドを展開しているため、食材のロスを最小限に抑えられるとともに、あまり人気のないブランドはすぐに新しいブランドに入れ替えることができます。また、店舗運営業務が減ることで商品開発に注力でき、開発スピードを最速化できるため、時流に合わせたブランド展開と商品の展開を可能にしています。

　これらは制約を逆にうまく利用した、とてもクレバーなビジネス展開例です。今までの業種が衰退していくことになった時、生き残るためには、新しいものを生み出す必要があります。すなわち、未来を自分で創ることが大切な時代に求められる、ビジネス創造力なのです。

▶ 視点を変えて「できない」ことを「できる」に変える工夫

　日本が直面している海洋プラスチック問題、エネルギー問題、少子化問題、超高齢化問題、自殺率の増加などの社会課題は、100%解決する手立てを考えることがとても難しいものです。こういった今までの尺度では解決「できない」事象には真正面からぶつかるのではなく、工夫をして「できる」に変えていくことが重要になります。例えば、

課題を分割して
その一部を解決できる
方法を考える

1

課題の核となる部分を
見つけ、そこに対して
解決策を当てる

2

1つの施策によって
複数の課題を少しずつ
解決することを目指す

3

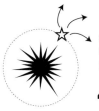
全て解決するのではなく、
課題を知ってもらうことで
空気感を醸成する

4

図1-4 視点を変えてみる

1．課題を分割してその一部を解決できる方法を考える
2．課題の核となる部分を見つけ、そこに対して解決策を当てる
3．1つの施策によって複数の課題を少しずつ解決することを目指す
4．全て解決するのではなく、課題を知ってもらうことで空気感を
　醸成する

など、視点を変えてみることが有効です（図1-4）。

▶ 王道だけが答えではない

　個別の事例への解は、王道だけが道ではありません。王道だけで解こうとすると、想定外が噴出します。場合に応じて想定外をよけながら解を考えることになります。結果、多様な答えが出てきます。
　一例として「何でも印刷できるマスク」を販売していた長屋印刷を紹介します。この商品は発売当初あまり需要がありませんでした。ところが、「中

図 1-5　長屋印刷の名刺マスク

小企業のための無料相談所」岡崎ビジネスサポートセンター（OKa-Biz）の秋元祥治さんに相談し、マスクに名刺を印刷するサービスとして再リリースして展開したところ、売り上げがアップしました。行ったことは機能の絞り込みです。「何でも印刷できる」を「名刺を印刷できる」にしたのです（図 1-5）。王道で解こうとすると幅広い機能に需要が集まると考えられがちですが、時代とニーズに合わせて**機能を限定することで力を発揮できるアイデアもあります。**

　コロナ禍でマスクをしなくてはならず、顔が見えない中で営業活動をする時、名前や顔写真入りの名刺マクスで顔を覚えてもらう。また、マスク自体が話のネタになる。新しい生活様式に合わせたマスクは、たくさんのメディアに取り上げられました。

　「何でも印刷できる」だと、2歩先を進み過ぎていました。そこで、時代性も加味しながら、印刷の用途を絞ったところ、人々に求められる商品になりました。印刷技術を最大限に活かす方法は、用途を増やすことではなく、ちょっと限定することだったのです。

▶ クリエイティブ思考は、カツオ君的思考

固定観念にとらわれない事例として、ブルースターバーガーやゴーストキッチン、長屋印刷のマスクなどを紹介してきました。これらは「カツオ君的思考」です。皆さんご存知、サザエさんに出てくるカツオ君、彼は勉強ができるわけではありません。ただ、お父さんの壺を割ったことをどうやってごまかし、怒られないようにするか。テストで悪い点を取ったことを隠し通し、見つかったとしても怒られずに済む方法はないか。日々さまざまな制限のある答えのない課題に取り組み、たくさん工夫をします。その点においては、彼はとても賢いとみることができます。

そして、カツオ君があれこれ知恵を働かせる工夫がおもしろいので、視聴者は引きつけられるのです。あのいたずら性と工夫が、まさにクリエイティビティだと言えるでしょう。

かたや、ドラえもんに出てくる出木杉君。出木杉君は優等生で、どんなことでも豊富な知識で乗り越えます。ただ、彼だとストーリーが生まれない。おそらく答えがない想定外の問いには対応できません。

カツオ君は想定外なことが起きても、めげずに解消する方法を考えることでしょう。今まで使われてきた方程式で解くのではなく、どうしたら課題を解消できるか工夫して自ら紡ぎ出していきます。

出木杉君はスマート、カツオ君はクレバー。スマートでは通用しない時代、クリエイティブ思考でクレバーになりましょう。

▶「正しい」よりも「うまい」と言わせる

落語の名作、「まんじゅう怖い」をご存知でしょうか？ 若者たちが怖いものは何かを言い合っていると、「世の中に怖いものなどない」と豪語する男が出てきます。その男をさらに問い詰めてみたところ、「実はまんじゅうが怖い」と告白します。その時の男の態度が気に食わなかった若者

たちは、男を懲らしめてやろうとまんじゅうをたくさん買いこみ、男の家に投げ込みます。すると男は「美味しすぎて、怖い」と言いながらまんじゅうを全て平らげてしまいます。「まんじゅうが怖い」と言ったのはまんじゅうを手に入れるための策だったのです。騙されたと分かった若者たちが「本当は何が怖いんだ！」と詰め寄ったところ、男は「ここらで一杯お茶が怖い」とお茶をねだるという笑い話です。

　若者たちを騙してまんまと好物を手に入れた男は、とても「うまい」ですね。この「うまい」という感覚は、落語だけでなく和歌や俳句においても大切だと言われており、現在のドラマやアニメなどにも継承されています。日本のマンガ、アニメ、ゲームなどのコンテンツが世界で通用するのは、この文化の延長だからだと思われます。

　この「うまい」フレームを創る力が創造的思考です。正しく全ての課題を解決するのはとても難易度が高いことですが、「うまい」とうならせる解決策は意外と実現可能で、効果的なものが多いのです。

▶ 無意識を意識する

　人間は主観的な生き物であり、意識していることが全てのように感じられます。ところが、英学術誌「ネイチャーコミュニケーションズ」に掲載されたカナダ・クイーンズ大学の心理学者による思考の新しい脳内マーカーの研究によると、人は平均して1日に6,000回以上思考しているそうです。そのうち90％以上は無意識であると言われています（図1-6）。つまり、ほとんどは無意識下の思考ということです。意識できていることが全てではなく、背後にたくさんの思考があることを知りましょう。

　論理的に考えることはとても大切です。しかし、論理的に考えることが全てではありません。感覚も大切だし、感覚以外にもたくさんの意思決定フィルターがあります。理解できることが世界の全てではなく、世界は広くて深いのです。言葉にならない無意識を言語化したり、観察して発見す

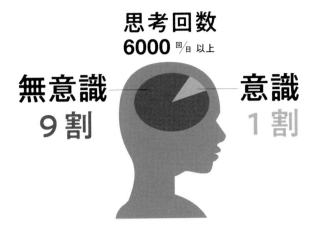

図 1-6　無意識の思考が 9 割

ることによって、着想につなげていきます。

　今までのビジネスは感性をあまり重視してきませんでした。それは、感性は属人的で再現性が低く、クオリティにバラつきがあると思われているからです。感性がない人はいません。**感性は磨くものであり、鍛えられるものであると知ることが必要です。**なぜなら、ほとんど全ての決定は無意識的に、そして、情緒的に行われているからです。世界は複雑です。その複雑さをシンプルにするのではなく、そのまま受け止めること、そこから個別最適な解を導き出していくことが求められます。

2　概念をつなげ、新しい概念を創造する力

　概念とは、「個々の事物から共通な性質を取り出してつくられた表象」（精選版 日本国語大辞典より）を指します。より具体的に例えると、ブレインストーミングなどで、知識と知識が集まってきた時に、それらをまとめて浮かび上がってくる上位のまとまり（共通項）のことです。また、アイデアとアイデアをグルーピングして集めた時に、共通項となっているもののことと考えても構いません。

新しいアイデアを生むにはアイデアとアイデアを掛け合わせるとよく言います。その際、「知識」と「知識」を組み合わせただけでは強いアイデアになりにくいため、「概念」と「概念」を掛け合わせるとオリジナルのアイデアになりやすくなります。概念を掛け合わせ、オリジナルなアイデアを生み出すには、まず、目に見えない概念を、目に見えるように取り出します。目に見えるようになるから、掛け合わせられるようになります。

▶ 時代を超えて残る和歌と「ペン・パイナッポー・アッポー・ペン」の共通項

　「ふとんが吹っ飛んだ」という駄洒落には、場を和ませる程度の効果はあるかもしれませんが、目を見張る面白さは感じられません。それは、意味が１つしか重なっていないからです。対して、伊勢物語で在原業平が書いた次の和歌をご覧ください。

　唐衣　着つつなれにし　つましあれば　はるばる来ぬる　旅をしぞ思ふ

　「着慣れた唐衣のように慣れ親しんだ妻を都に残したまま、はるばるここまで来てしまった旅のわびしさを身にしみて感じる」という意味のこの歌は、次の５つの意味を重ねて句が詠まれています。

　1. 各句頭を読むと「か・き・つ・ば・た」となっている
　2. 「着」と「来」、「馴れ」と「慣れ」、「褄」と「妻」、「張」と「遥」
　　　と掛詞が４箇所
　3. 「き」、「なれ」、「つま」、「はる」と「衣」の縁語が４箇所
　4. 枕詞が「唐衣（からころも)」
　5. 掛詞でつながる序詞

　時代を超えて残る和歌は、いろいろな意味が重層的に掛け合わせられているがゆえに耐久性が高く、長く語り継がれてきたのです。このように、**強いアイデアとは少ない要素でたくさんの関係性と意味合を持つ**アイデアのことを指します。

　一方で、お笑いタレントの古坂大魔王さんがピコ太郎として配信した「PPAP（ペン・パイナッポー・アッポー・ペン）」の動画は、世界中で大ヒットしました。和歌と比べると、歌詞自体は極めてシンプルですが、ここにも意味の重層的な掛け合わせを読み取ることができます。

　それは、「PPAP」の周囲から読み取ることができます。まず、「日本人も使える最小限の英語」「面白い動き」「ポップな音楽」「面白い格好」といった持てるリソースを掛け合わせて最大限のパフォーマンスをしようとする姿勢。さらに、ヒットしたことを一過性のムーブメントとして捉え、自分を「ピコ太郎のプロデューサー」として、次につながるトークの仕事を取りにいく姿勢を見せた彼の戦略も含めて重層的になっています。お笑いトリオ「底抜けエアライン」時代のテクノ体操から連なる音楽ネタを作り続けていた古坂大魔王さんの粘り勝ちとも言えるでしょう。

　このように、一見関係のなさそうなものも、抽象度を上げてより上位の「概念」を見て一連の流れを読み解くと、重層的な意味合が読みとれます。

３ 理想から逆算するバックキャスティング力

▶ 理想からの逆算

　目指すゴールを明確にし、そのゴールに向かうために必要なビジョン、ミッション、フィロソフィーを描くことができれば、目的地までの道筋を逆算できます。逆算できれば何が足りないかが分かります。

　米国のコンサルティング会社のケプナー・トリゴーは、理想と現実のギャップのことを課題と定義しています。これはとても分かりやすい定義

です。これにより、理想と現実のギャップを埋める行為のうち、すでにある課題（ペイン）を取り除く場合を**課題解決**と呼び、すでにある価値（ゲイン）をもっと増やす行為を**価値創造**と呼ぶことができます。

ゴールとはたどり着きたい場所であり、最終目的地です。**ビジョンとは描きたい未来**であり、目的地から見える景色や世界、社会の様子です。**ミッションとは存在意義**であり、目的達成のためにやるべきことです。そして、**フィロソフィーとは大切にしたい価値観であり、哲学**です。

世の中を揺るがすようなインパクトを与える強いアイデアは、目的のために掛け合わされています。その目的とは描きたい未来（ビジョン）の時もあれば、大切にしたい価値観（フィロソフィー）の場合もあります。何をなしたいか、どの目的地に到達したいかによってアイデアの強度は変わります。

強いアイデアにするためには、最終目的地にたどり着くこと、もしくは、最終目的地に少しでも近づくことが重要です。そのためには、最終目的地がどこにあるのか、何をなしたいかを明確にしておくことが最も大切です。

最終目的地を明確にする時には、「そもそも自分は何を最終目的にしているのか」、「今やっていることは最終目的とどんなつながりがあるのか」「上位の目的は何なのか」という視点で考えます。なぜなら、目的と手段が入れ替わってしまうことがよくあるからです。

例えば「家族旅行をするために車が欲しい」と考えたとします。まずは車を買うという目的のために、お金を貯めます。車を手に入れたら、今度は「家族旅行をする」を次の目的に定めます。ところで、なぜ家族旅行をしたいのでしょうか？　それが「家族を幸せにするため」だとしたら、実は車を買う必要はなく、家族で旅行するだけでよかったのかもしれません。

このように、そもそも何が最終目的で、自分が今やっていることはそれとどんなつながりがあるのかを明確にしておくことが重要です（図1-7）。

思いつきのアイデアはもしかしたら瞬間的にヒットするかもしれません

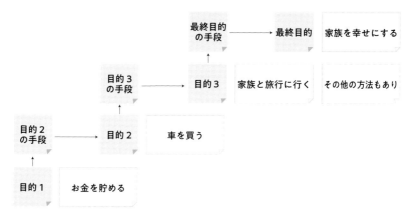

図 1-7　最終目的を明確にする

が、中長期的に見ると目的地にたどり着けない「弱いアイデア」になってしまっているかもしれません。人は近視眼的思考に陥りやすく、目の前の成果に飛びつきがちですが、その成果が中長期の目的地に結びつくかという視点を持ちながら、短期的なものの決断をするのとしないのでは結果に大きな差が生まれてきます。

　昨今、「社会に良いことをした会社しか生き残れない」と言われています。自分の会社の事業や自分の働きは長期的な目標達成にどうつながっているのかを明確にすることは、自身の働きやすさや働きがいにもつながるのではないでしょうか。

　「最終目的地を見据えて、現実と折り合いをつけながら、意味合の強いものを作り、最短距離で目的地に向かうことができる」、「そこへ向かうための道筋を設計することができる」、「プラン A、B、C、D と複数のプランを用意しておき、臨機応変に組み替えることができる」、それが皆さんに身につけてほしい**バックキャスティング力**です。

4 アブダクション力（直感・ひらめき）

▶ アブダクションとは驚くべき事実から仮説を導き出すこと

　驚くべき発見・インサイトから、仮説を導き出すことを**アブダクション**と言います。つまり、アブダクションを生み出すには、論理的に考えて分かる事実ではなく、驚くべき事実の発見や、直感・ひらめきが必要です。

　レッスン3ではさまざまな手法を紹介します。アイデア発想で多様な価値観を持つ知識に触れること。自分が今まで当たり前だと思っていたことを深掘りしてみること。実際の現場に赴き、観察やインタビューを通して、新しい事実を発見すること。そして、創りながら新しい事実を見つけること。これらクリエイティブ思考の手法を用いることで、驚くべき発見を身近にし、アブダクションを生むことができるでしょう。また、それらの過程において直感・ひらめきがアブダクションを生むのを助けます。

▶ 直感は大体正しい。ただ、信じ切るには少し足りない

　　　直感とひらめきってまったく違うんですよ。ふと思いつくと
　　　いうところまでは一緒です。でも、ひらめきは思いついた後
　　　に、「これこれ、こうなってる。だからこうなんだ」とその
　　　理由がよくわかるものなのです。

（THE BIG ISSUE online 池谷裕二さん「直感とひらめきって、まった
く違うんですよ」より）

　ひらめきは説明でき、直感は説明できないものです。直感は、今までの無意識の経験が瞬間的に判断するものです。創造的思考を発揮する際には、

図1-8　田坂州代氏の書

直感も大事です。ただ、直感は経験値に依存するので、経験値が足りない場合、しばしば間違えた判断を下します。これを**認知バイアス**と呼びます。そこで、直感だけでは不安なので、直感もありがたく受け止めながら、それが本当なのかという検証も兼ねて、アイデアを出し尽くしましょう。

2012年にパリで開催されたジャパンエキスポで日本代表として書の実演を披露した書家の田坂州代氏は「出来が良いのは、大概1回目か100回目」と述べています（図1-8）。デザインの世界でも肌感覚としては大体同じで、直感が正しいこともあれば、熟考したものが正しいこともあり得ます。直感と熟考、感性的思考も、論理的思考も全てフルに使って考え尽くしてから最良と思えるものを選びましょう。

▶ ひらめきはアイデアを出し尽くして、一息ついた時に突然降ってくる

アイデア出しでは、ある程度のアイデアを出し切ってしまい「これ以上考えられない！」と苦しくなってから、最後に絞り出すアイデアの方が、本質的なものが出てくることがあります。

また、アイデア出しを終えて、ある程度時間を経てから、トイレやベッド、ウォーキングの最中など、リラックスした状態の時に突然ひらめくことも多くあります。そのため、プロダクトやサービスなど長く使うことが

想定されるものを検討する時は、その場で決めきってしまわず、ある程度アイデアを出し、絞り込んでおき、数日寝かせてから改めて眺めて決めることもあります。

　これは脳の性質が関係しています。脳が情報を整理し、新しい情報と過去の情報を無意識下で組み合わせ続けることによって、ある日突然ひらめきが降りてきます。ひらめいた時「その手があったか！」という驚きと同時に「確かに！」という納得があれば、それは強いアイデアの可能性が高いでしょう。

　『アイデアのつくり方』(ジェームス・W・ヤング／CCC メディアハウス)では、これを「孵化段階」と説明しています。あれこれと情報を加工して思考した後、問題を放り出し、できるだけ心の外に追い出してしまう。そして、十分に孵化した時点で「ふとした瞬間」にアイデアの誕生の時が自然にやってくるのだとしています。

　ひらめきには、「集中」と「リラックス」が必要です。余談ですが、落語家・桂枝雀氏は、著書『らくご DE 枝雀』(ちくま文庫)で、笑いのメカニズムを「緊張が緩和されて起こるもの」として紹介しています。ひらめきを生む「集中」と「リラックス」と、笑いを生み出す「緊張」と「緩和」が同じ構造なのは興味深いところです。

5 「未知の事象」へのマネジメント能力

▶ 予測は予測でしかない

　「終わるまで、終わらない」。これは僕がデザイン事務所に勤めていた時に上司が口にした言葉で、今でも鮮明に覚えています。ものづくりの真髄を捉えたひとことで、聞いた時には「たしかに！」と思いました。

　制作の現場に限った話ではありませんが、0 から 1 を生み出す時には、予測していないことがたくさん起こるものです。それらをどうにかマネジ

メントしながら最終的な納期にたどり着くのですが、当初の予測が的中することはほとんどありません。創造的思考を発揮するためには、予定は予定でしかなく、予測は予測でしかない――その心構えが求められます。ちゃんと想定通りにやるのではなく、ちゃんと最後までやる。そのために乗り越えるべき想定外はいくつでも乗り越えていきましょう。

「想定外を想定すること」――それが未知の事象へのリスクマネジメントになります。そこで、まず「自分たちは何を想定していて、何を想定していないのか」を知らなければ、想定外を想定することができません。

どこまでが考え切れていて、どこまでが考え切れていないのかの線引きを明確にするためには、まず、想定できていることを出し切ってみることがスタートになります。自分が想定する境界がどこにあるのかを知る。同時に他者が想定する境界がどこにあるのかを知る。それらを合わせながら自分たちに見えているところや、見えていないところを明確にするのです。そのためにも協創の手法が役に立ちます。リスクを出し合うワークショップや、未来のシナリオを作るワークショップなどを使い、想定外を想定内にしましょう。

6 自己との対話力（セルフブランディング力）

▶ 自分のことは自分が 1 番知らない

ブランディングの仕事をしていると、企業の経営者など自身を理解していそうであっても、自分のやりたいことや強みなどが見えずに悩んでいる方にたくさん出会います。無意識を意識することができないように、自分を自分で理解するのは難しいと感じます。「魚は水の存在を知らない」というフランスのことわざにあるように、客観的に見ると明らかな特徴であっても、自分にとっては当たり前すぎて、分からなくなってしまうことも多いのではないでしょうか。

そんな時は、自己分析やセルフブランディングが役に立ちます。自分の好きなものを書き出し、なぜそれが好きなのかを分析してみましょう。価値観を深掘りするワークショップなどで、自分の知らない自分に出会うこともできます。

『孫子』の有名な一節に「彼を知り己を知れば百戦殆うからず」とあるように、他人を知ることと同時に、自分を知ることはとても重要です。なぜなら、模範解答が通用しない答えのない問いに取り組む時に、結局、最後に決断するのは自分であり、自分の決断軸や指針を明確にしておくことが、その決断を後押ししてくれるからです。

本書では、未来を創るための道具としての自己分析の方法や、それを活用したセルフブランディングの方法を記載しています。これらを試してみることで、自己を探求する一助としてください。また、自分だけで考えるのではなく、親しい友人やある程度自分のことを知っている同僚などの客観的視点を借りて教えてもらうことをお薦めします。

▶ 見せ方より在り方のブランディング

日本では、「○○に見える」ように情報発信をすることがブランディングだと思われがちですが、世界では「在り方」そのものを定義することをブランディングと呼んでいます。ここで話しているブランディングとは、表面的に飾ったものではなく、本質を理解し、本質を表すためのものだと考えてください。

見た目だけを良くしても本質と乖離してしまっていては意味がありません。大切なのは、自分の強みや性質を理解し、「在り方」が表現され、本当の意図が伝わることです。肩に力が入ったり嘘をついてしまったりして、本当の自分と、自分を表現する内容が乖離してしまっていてはストレスを生み出してしまうだけです。自分らしさを表現するために自分を知る。そのために必要なことが「自己との対話力」です。対象（この場合は自分自

身）をよく理解することは、ブランディングの基本であり、クリエイティブなものを生み出すための原動力となります。

　また、0から1を創り出すことは簡単なことではありません。常に困難が伴うものです。その困難を乗り越えるためには、自分が世の中に届けたい新しい何かを生み出す原動力となる「理由」＝ Cause（コーズ）が必要です。自己との対話力は、事項で解説する Cause につながる、創造的思考の基盤となる力なのです。

　なお、Cause についての詳しい説明はレッスン 2「Cause を設計する」（P55）を、セルフブランディングの詳しい方法はレッスン 4「5. キャリアマネジメントに活用する」（P182）を参照ください。

3. 創造力は、現実と非現実の間にある

Creativity lies between the real and the imaginary

　フランスのSF小説家 ジュール・ヴェルヌは「人間が想像できることは、人間が必ず実現できる（Tout ce qu'un homme est capable d'imaginer, d'autres hommes seront capables)」と言いました。これは、まだこの世界にないものであっても、想像できれば実現できるという示唆です。

　USB メモリーやイオンドライヤーなどを生み出した世界的なビジネスデザイナー濱口秀司氏は、イノベーションの定義として次の3点を挙げています。

- New　　　　　見たことも聞いたこともないこと
- Feasible　　　実現可能なこと
- Controversial　物議を醸すこと

また、米IDEO社ではイノベーションの条件を次のように示しています。

- Desirability　魅力があること
- Feasibility　実現可能なこと
- Viability　　持続可能なこと

　この2つを比べると、まだ誰も見たことがなく、同時に、現実的なアイデアがイノベーションには求められていることが分かります。あまりに発想が突飛すぎると人智を超えた荒唐無稽のものになってしまい、実現する

ことが難しくなりますが、実現可能なだけでは誰でも考えることのできる、ありきたりなアイデアにとどまってしまうので、バランスがとても難しいのです。

「見たことも聞いたこともない実現可能な新しいアイデア」は想像できるものなのでしょうか？　そのようなアイデアをすぐに思いつくことは稀です。すぐに思いついたアイデアがうまくいくこともほとんどありません。ただ、「想像できる範囲」を広げることはできます。

その方法は、①多様な価値観のメンバーで協力し合いながら一緒に考えること、②リサーチをたくさんすること、③普段考えないような問いに答えていくことです。「想像できる範囲」をうまく拡張することで、「見たことも聞いたこともない実現可能なアイデア」を想像できるようになります。

①　多様な価値観のメンバーで協力し合いながら一緒に考える

自分の常識や知識の範囲は限られています。そこで、多様な価値観のメンバーが集まり課題に対して多様な視点で話し合うことで、一人の視点ではなく、複数の視点でさまざまな可能性を検討することができます。

②　リサーチをたくさんする

論文などを書く時には、すでに出ている論文をまず100個読むというのが基本的な姿勢です。アイデアを考える時も、その姿勢を参考にします。すでに世の中にあるアイデアはとても参考になり、すでに試されたことはどんなことで、どんな課題があるのかなど、歴史的文脈を紐解くことはとても重要です。それらを紐解くことで、自分だけでは考えられない数多くのトライアルを追体験することができます。そして、その文脈の中で、何が新しいかが見えてきます。

また、今、世界で起こっていることを広く知ることもとても重要です。なぜなら、違う分野で起こっていることを、自分の分野に持ち込むだけで

さまざまな課題が解決されることも珍しくないからです。リサーチで重要なのは、それらを調べ尽くした上で、リサーチから学び、学んだことを糧として新しいアイデアを創っていく、アイデアを超えていくという姿勢です。

③　普段考えないような問いに答えていく

　現在抱えていることの最上位目的を考えたり、行き着く先の未来のことを考えたり、存在そのものの意味を考えたりと、普段は考えないようなことを考えることも重要です。常に哲学的なことを考えていると生活に支障が出てしまうため、人間はある程度オートメーションできるように、あまり深く考えすぎないように設計されています。創造的に答えを探す時は、あえてそのブレーキを外して、できるだけ深く、そして遠くまで考えてみることが自分の考えられる範囲を超える１つの手段になります。

　経験上、強いアイデアは、可能性を全て探った先に、思いもしなかったところから立ち現れてきます。考えられるだけの可能性を、現在、過去、未来を含めて考え尽くす。まだここにはないけれども、今の延長線上に必ずある未来を想像し、創造していきましょう。

▶ 形にしながら考えることの重要性

　人は想像の中だけでは良しあしを判断することが難しく、日本人には特にその傾向が強くあります。何かを起こす時には、粗くてもよいので、考えたらすぐ目や指で確認できる形にしてみることが大切です。

　形にしてみることで、それらが実現可能なのかどうかが分かり、人の心を動かすことができるのかどうかも判断できます。そして、形にしてみることによって初めて、現実的に改善プロセスを回すことができます。

　想像と現実はかなり違うものです。思わぬところでつまずいてしまうこ

ともあれば、予想もしなかった素晴らしい偶然により、うまく事が進むこともあります。ただ考えているだけでは学べませんし、素敵な偶然に出会うこともありません。答えが分からないからこそ、まずやってみて、そこから考えることの重要性が増してきています。考えるだけでなく、行動し、学びましょう。正しい、正しくないは、やってみた結果についてくるものです。

4. 創造的思考と論理的思考を使い分けよう

Use both creative and logical thinking

　ビジネスには論理的思考が大切だと言われています。論理的思考は、「矛盾や飛躍のない道筋を立てること」、そして「物事をシンプルにまとめ、伝えること」です。つまり、大枠を理解し、体系的に捉えて、きっちりと道筋を考えることです。そうすることで、分かりやすく、明快に相手に伝えることができるようになります。

　システム思考もその類型であり、全体も個別も両方見て、システマチックに、計画的にデザインし、確実な評価や検証をしていきます。確かにこれはビジネスにはとても重要なスキルです。

　ただ同時に、論理的思考だけではこれからの時代を生き抜いていくことは難しくなります。VUCA の時代は論理では説明できないことが起こり続ける予測不能な時代です。台頭してくる AI は人間よりもずっと論理的思考が得意です。論理的思考だけを押さえているのでは時代に取り残されてしまいます。論理的思考にプラスして新しい価値を生み出すためには、感性的で、ともすれば混沌をはらんだ創造的な思考も求められています。

　人の心を動かすのが企画の本質ですが、論理だけでは人は動きません。人の心を動かすには創造的思考が必要です。そこに論理的思考があると、実現の道筋が見えてきます。右の脳と左の脳、創造的思考と論理的思考を行き来して、今までにない、実現可能なビジネスを生み出しましょう。

▶ **面白さの重要性**

　人の心を動かすのは論理的な正しさではなく、熱量やワクワク感、そし

て、面白さです。心の底から「本当にやりたい！」と思っていることには人は協力してくれます。そして、面白そうなことは「参加したい」「欲しい」と多くの人の賛同を得られます。

先述の古川裕也氏は、著書『すべての仕事はクリエイティブ・ディレクションである』の中で、「新しいこと」「驚きがあること」「はたと膝を打つ（納得感がある）こと」がカンヌライオンズ広告賞の審査基準になっていると述べています。新しく、驚きがあり、納得感がある「うまい」アイデアは、面白いアイデアと言い換えることができるでしょう。

0.5秒で人の気持ちを捉えなければならない広告の世界では、人の心を動かす、もっと言うと人の心を捉えるアイデアが必要とされます。この広告的要素をビジネスを創造する時にも活用していきましょう。ただし、驚きが強すぎるとキャンペーン的で、すぐに消費されるアイデアになってしまいがちなのでバランスが大切です。また、アイデアそのものが面白いかどうかもとても大切な要素です。

▶ 良い制約がアイデアを成長させる

制約が強すぎると思考は萎縮しますが、「自由に考えてください」と言われても、逆に考える難易度は高くなります。良い制約は良いアウトプットを生みます。クリエイターは利用できる制約をうまく使い、形を浮かび上がらせることがよくあります。

例えば、建築においては、土地がどんな形をしているか、予算はいくらか、どんな強度にしなくてはいけないかなど、根本的に作るものに影響を与える制約があります。それらとうまく付き合いながら形を確定していくことになります。状況、リソース、常識、制約を把握し、うまく使うことで、効果的に質の高いアウトプットを出しましょう。

5. 発想から生まれるアイデアの重要性

Importance of ideas that come from ideation

▶ なぜアイデアは重要なのか？

「なくてもいい商品はある。なくてもいい部品はない。村田製作所」

村田製作所のコピーはとても示唆に富んでいます。たしかに商品を作る上で、なくてもいい部品はありません。全てが商品を完成させるために必要なものです。一方、消費者にとっていらない商品が存在するのも事実です。つまり、必要な部品で組み立てられているにもかかわらず、商品そのものが根本的に不要な可能性があるということです。これは発案した人にとっても、地球の資源にとっても悲しいことです。

また、「なくてもいい商品はある。なくてもいい仕事はない」と、部品を仕事に置き換えると一段と深くなります。なくてもいい商品のために仕事をした場合、どんなに完璧に仕上げたとしても、その仕事自体が報われることはないのです。つまり、筋のよくないアイデアが最初に選ばれてしまうと、とても不幸なことが起こります。これを情報科学の分野では「ガーベッジイン、ガーベッジアウト（ゴミを入れると、ゴミが出る）」と呼びます。

アイデアを出すのは初期の段階であるため、修正のコストを最も安く抑えることができますが、企画、制作、製造、販売と、後工程に向かえば向かうほど、修正のコストが高くなってしまいます。「もしも、初期の段階で十分に検討されていないアイデアが後工程に向かってしまったら……」と思うとぞっとします。誰でも作業の手戻りは嫌なものです。思いつきのアイデアに飛びついてしまうと、人々が必要としていない、いらないもの

を作ってしまうことになりかねません。それらを作る工程で関わった人たちの努力や労力も無駄にしないために、企画の段階で徹底的に考え抜き、後工程に渡していく覚悟が必要です。

イノベーションは「千三つ」と言われています。1000個作ったうちで、3つぐらいがイノベーションに到達するかもしれず、残りはそこまで届きません。だからこそ、最初にアイデアをたくさん出し切ることが重要です。たくさん出すことは無駄ではなく、出した分だけ視点は広がり、深まっているため、自分のアイデアに自信を持つことができるようになります。また、最終的に選抜したアイデアがダメだった場合に、すぐさまピボットできるアイデアを複数持っておくことができます。

コラム

「自分の出したアイデア＝自分」ではない

日本人は新しいアイデアを出すことに消極的だと感じます。また、良いアイデアを選ぶのも苦手なようです。それは、自分と自分のアイデアを重ねてしまい、アイデアを否定されると、自分が否定されたかのように感じてしまうからなのかもしれません。

例えば最初の方に出したアイデアは、呼び水にはなるものの、質の高さはあまり望めません。答えが分からない課題には、すぐに浮かんだアイデアに飛びつくのではなく、考えられるだけ出し尽くして、その中から選ぶ姿勢が重要です。また、頑張って出したアイデアは良いアイデアだと錯覚しがちですが、必ずしもそうとは限りません。「鉄は熱いうちに打て」と言うように、アイデアを出しただけで満足せず、鉄を打ち鍛えるように何度も考えて作り直し、より強くて長持ちするものへと育てることが大切です。

自分と自分の子どもが別人格であるように、自分と自分のアイデアも別物です。まずはそれを理解することからスタートしましょう。

6. 協創とクオリティ・ライン

—

Collaborative Creation and Quality Line

　絵画でも、書道でも、音楽でも、はじめからうまくできることはありません。それはアイデアやビジネスを創ることでも変わりません。アイデアは形がないのでクオリティの判断が難しいのですが、最初から高いクオリティのものを作り出すことができるのならば、技術など必要ありません。それはどんな分野でも一緒で、ある意味ではスポーツとも似ていますが、練習や経験によって高いクオリティのものを出すことができるようになります。アイデアのクオリティを高めるには、技術と実践が必要なのです。

　ブレインストーミングなどの協創では、アウトプットのクオリティが高まりにくい傾向があります。日本人は相手の意見を尊重しすぎてしまう傾向があるため、遠慮して、ありきたりなアイデアになりがちです。相手の意見を尊重しつつも、言うべきところはズバリと言うことも大切です。

　また、声が大きい人のアイデアに流されがちなきらいもあります。声の大きい人のアイデアは、検討を尽くしていない直感的な思いつきである場合が多く、出されるアイデアの数が少ないため比較検討も難しく、その良しあしやクオリティを判断しにくい傾向があります。

　自分が生み出したアイデアに対する愛着により、冷静にクオリティの判断ができないことも少なくありません。アイデアのクオリティ・コントロールは一朝一夕ではできるようになりません。鍛錬やコツの習得によりクオリティ・ラインを理解し、制限できるようにする必要があります。

　そもそものアイデアのクオリティが低いと、その場では盛り上がるものの、実際にそのアイデアを実現しようとすると、想像以上に費用がかさみ、

誰にも求められないものができ上がるなど、たくさんの困難を経験し、結局、実現することはほぼありません。

　個人的な感覚を磨くことも、新しいことを生み出すことを怖がらないことも、最初に良いものに良いと言える姿勢を持つことも大切です。クオリティは良いインプットとアウトプットの技法が合わさった時に高まります。本書ではクオリティを高めるための鍛錬方法や選択の基準も紹介していきます。

レッスン
Lesson **2**

クリエイティブ思考を
理解する

主筆：**芝 哲也**　副筆：**上野郁江**

1. クリエイティブ思考に求められる 6 つのプロセス

Six Processes Required for Creative Thinking

レッスン 2 では、レッスン 3 から紹介する手法を身につけるにあたり、最初に押さえておきたい前提知識として、基本となる 6 つのプロセスと、0 から 1 を創り出す時に最も重要な Cause（理由）について説明します。

創造的思考の基盤となるクリエイティブ思考では、**観察、発想、試作、選抜、精錬、伝達**というプロセスごとに手法を設けています。この 6 プロセスは必ずしもこの順番に実施するものではないことに注意してください。各プロセスにある手法が入れ子になる形で登場することもあります（図 2-1）。

観察（Observation）

生活者の動きや世の中の動きなどを観察することで、まだ表出していない

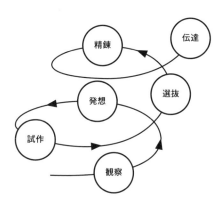

図 2-1　クリエイティブ思考の 6 プロセス

ニーズを見いだします。大体の答えは現場にあります。人や現場、社会情勢をフレッシュな目で見ることによって、固定観念を超える気付きを得ることができます。

発想（Ideation）（発散―収束―結実）

頭の中にあるアイデア、そして、自分でも思いもしなかったアイデアを見いだす方法です。発想には、アイデアをたくさん出す**発散**のプロセス、アイデアをまとめていく**収束**のプロセス、そして、それらのプロセスを踏まえて、抽出された結果である**結実**のプロセスがあります。0から1を生み出すための技術を紹介しています（図2-2）。

試作（Prototype）（仮説検証）

アイデアはアイデアのままではクオリティの判断が難しいため、実際に試作品を作ってみることが大切です。この試作品を「プロトタイプ」と呼んでいます。プロトタイプによって、アイデアの存在検証や価値検証のほか、仮説検証をするための技法を紹介します。

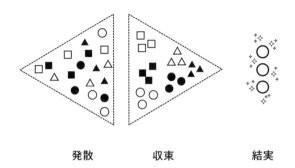

発散　　　　　収束　　　　　結実

図 2-2　発散・収束・結実のプロセス

選抜（Selection）

発想によりたくさんのアイデアが生まれ、試作におけるプロトタイプを用いた検証により、アイデアを「選抜」していく工程です。アイデアを選抜するための技法を紹介します。

精錬（Refinement）

精錬は選抜したアイデアを、実際に社会に広めていく「製品」レベルまで磨きあげる工程です。この工程を経ることで、アイデアの強度が高まり、より品質が良く、またアイデア自身が持つ社会への影響力が強くなります。

伝達（Communication）

英語の Communication が持つ意味の中でも「相手に伝える力」を強く意図しています。伝達手法は、基本となる6つのプロセスの全てにおいて人と関わる文脈で意識すべきものです。また、できあがった製品・サービスを伝達するコミュニケーションの技術でもあり、レッスン3ではそのための手法を紹介しています。

▶ クリエイティブ思考で伸ばせる創造的思考の6つの力

　レッスン1では創造的思考に必要な6つの力として、以下について解説しました。これらは、クリエイティブ思考の6つのプロセスを実施していくことで、伸ばせる能力です。

　1）固定観念にとらわれない柔軟な思考力
　2）概念をつなげ、新しい概念を創造する力
　3）理想から逆算するバックキャスティング力
　4）アブダクション力（直感・ひらめき）
　5）「未知の事象」へのマネジメント能力

6）自己との対話力（セルフブランディング力）

　関係図を図2-3に示します。観察−発想−試作−選抜のプロセスを実施していくことで、固定観念にとらわれない柔軟な思考力、概念をつなげ、新しい概念を創造する力、アブダクション力、自己との対話力が磨かれます。また、発想と選抜のプロセスを経験していくと、理想から逆算するバックキャスティング力が磨かれます。そして、全体のプロセスを経験していくことで、「未知の事象」へのマネジメント能力を伸ばすことができます。

　レッスン3からは、それぞれのプロセスで用いる手法を解説していきます。観察−発想−試作−選抜−精錬−伝達の6つのプロセスは、必ずしもこの順序にならず、入れ子になったり、飛ばしたりすることもありますが、まずは基本的な使い方を説明します。

　手法の具体的な使い方は、レッスン4とレッスン5で解説します。一

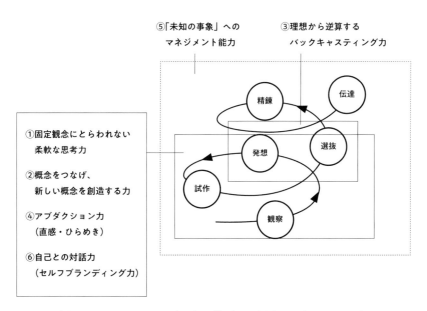

図2-3　クリエイティブ思考で伸ばせる創造的思考の6つの力

人でも実践できる手法を使った創造的な問題解決、価値創出手法をレッスン4で、複数のメンバーが関わって実践するときの手法の使い方をレッスン5で、それぞれ詳しく紹介します。

2. Cause を設計する

—
Sets the Cause

　Cause とは「理由」のことです。Because という単語に入っているので、耳慣れた言葉かもしれません。実は、何かを生み出す時に 1 番大切なのは、その理由です。理由は目に見えないため、その重要性に気付くことは意外と難しいのです。

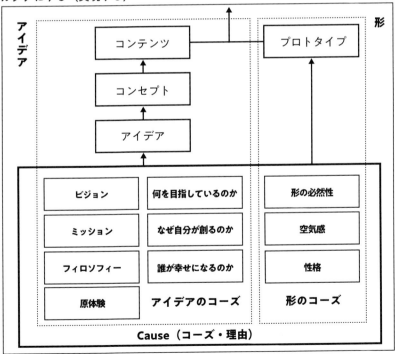

図 2-4　アイデア実現に向けた理由と形をデザインする理由の 2 つが必要

アイデア[1]を実際に、人が目にして接することができる「形」にして、実現する（＝「カタチ」にする）ためには、1）実現に向けた理由と、2）形をデザインする理由という2つの面で理由が必要になります（図2-4）。

1 実現に向けた理由を設計する方法

▶ そもそも何を目指しているのか？

新しいビジネスを創る時、何かを創り出す時、最も大切なのは「そもそも何を目指しているのか。究極の目的は何なのか」を明確にすることです。理想はどのような状態で、今どうなってしまっているから、どう改善したいのか。それをはっきりさせる必要があります。

どのような未来を描きたいのか。何を大切にして生きたいのか。どんな価値を創造したいのか。アイデアの先にあるものを明確にするために有効なのが、ビジョン、ミッション、フィロソフィーを設定することです。ビジョンとは「描きたい未来」、ミッションとは「存在意義」、フィロソフィーとは「大切にしたい価値観」です。極論すれば、これらが成就するならば、創るものもその道筋も、何であっても構いません。

しかし日本人は、欧米人に比べて、理想的なことや大きな概念について話し合い、決めることが苦手な傾向にあります。僕が本書で解説する二極ブレインストーミング（P100）などを開発したのは、そういった背景を感じた経緯があります。枝葉末節の話をする前に、大きな理由、つまり、実現に向けた理由を設計することの大切さについて話をしましょう。

---

1 本書では一般的に認識されている「アイデア」（思いつき、着想、新しい工夫）を一歩進めて、コンセプトを明確にし、そのコンセプトに基づく具体策を含めてまとめたものを「コンテンツ」と呼び、アイデアとして扱っている。コンセプトとコンテンツについてはレッスン3で解説。

▶ なぜ、あなたが創るのか？

「あなたは仕事や人生において何をしたい人なのですか？」クリエイティブ思考協会の理事の一人、大川陽介は常にこの問いを投げかけてきます。本当に実現したいと思っていないことは実現しません。たとえ実現したとしても、長続きしません。あなたが本当に実現したいことは何でしょう？これはとてもシンプルですが、とても大切な問いです。新しいビジネスを創る時や、何かを創り出す時には、この問いに答えられることが必要です。

今、この場で分からなくても問題ありません。企業のブランディングをしていると経営者の方と話す機会があります。「自分が本当に実現したいこと」が分かっていそうに思える経営者ですら、自分の強みは何なのか、どういう風に成長していきたいのか、常に悩んでいるものです。もし、自分が何をしたいのか分からない場合は、今この場から考え始めましょう。また、すでにやりたいことが見えている方は、はじめの一歩を踏み出してみましょう。

自分が本当に実現したいことを考えるにあたって、ここでは3つの切り口を紹介します。1つは、ウェルビーイングスタディ、幸福学からの観点。2つめは、「誰かを幸せにするものであるか」という観点、そして、3つめの観点が自身の原体験です。

▶ ウェルビーイング（幸せ）とイノベーション

僕たちの恩師である慶應義塾大学大学院システムデザイン・マネジメント研究科の前野隆司教授は、もともとロボット工学者で人の心を持ったロボットを作ろうと研究していました。ところが、次第に人の心自体に研究対象が移っていきました。ほとんどの人がなりたいと願う「幸せ」という状態があることは以前から分かっていたものの、その仕組みは解き明かされていませんでした。そこで前野教授は、「幸せ」のメカニズムを科学的

に解明しました。これが、ウェルビーイングスタディ、幸福学です。幸福学では、幸せの4つの因子が見つかっています。

やってみよう因子（自己実現と成長の因子）

自分の強みを持ち、夢や目標を達成しようと努力する人は幸せ。

ありがとう因子（つながりと感謝の因子）

多様な人とつながり、感謝できる人は幸せ。

なんとかなる因子（前向きと楽観の因子）

物事を前向きに、また楽観的にとらえる人は幸せ。

ありのままに因子（独立とマイペースの因子）

自分らしく、他の人に左右されずに、マイペースで生きる人は幸せ。

　これらを満たしていると幸せになれるのだとしたら、満たさない手はありません。同時に、イノベーションの研究者でもある前野教授は、別物として捉えていた「イノベーターの条件」も、この4つの因子で説明できることを発見しました。

　そこで、新しいビジネスを創る時は、この4つの因子を満たしたものを創ることをお薦めします。やればやるほど幸せになる上に、イノベーションにも近づくことができます。また、自分が本当に実現したいことを掘り下げるきっかけにもなり、一挙両得どころか、一挙三得です。

　自分にとっての夢、目標とは何か。自分の強みとは何か。どうやったら多様なつながりを持てるか。感謝したい人は誰か。どうやったら楽観的で前向きになれるか。自分らしさとは何か。どうしたらマイペースでいられるか。こうした4つの因子に関連する事柄を書き出してみましょう。書き

出して、なぜ自分がそうした考えを持っているのかを掘り下げていくことで、自分のやりたいことを見つけるヒントになります。

　幸せの4因子について詳しくは、『幸せのメカニズム 実践・幸福学入門』（前野隆司／講談社現代新書）をご参照ください。

あなたの夢、目標は何か？（複数回答可）

どうやったら多様なつながりを持てるか？

感謝したい人は誰か？

楽観的になれるのはどんな時か？

自分の思う自分らしさとはどんなところか？

マイペースでいられる時は？

▶ あなたが創るものは、誰かを幸せにするのか？

　自分が本当に実現したいことを考える２つめのヒントとして、元文部科学副大臣であり、東京大学公共政策大学院の鈴木寛教授の問いを紹介します。鈴木教授はいつも「（あなたのやりたいことは）誰か一人でも幸せにできますか？」と問いかけてきます。そして、その最初の一人を鮮明に思い描くことの重要性を説きます。

　ビジネスとは、誰かを幸せにするために始まったと言われています。誰かを幸せにするから、その労働への尊敬の証として、対価がもらえるのです。あなたが創るものは、誰かを幸せにできるでしょうか？ そうでないならば、創る必要はあるのでしょうか？ 人を幸せにするという視点を持って、ぜひビジネス創造力を発揮しましょう。

あなたのやりたいことは、誰か一人でも幸せにできますか？

▶ 原体験の発見

　自分が本当に実現したいことを考える３つめのヒントは、自分の原体験を見つけることです。原体験とは「その人の人格形成や、行動の方向づけに、知らず知らず影響を及ぼしている、幼少期の体験」（精選版 日本国語大辞典より）のことです。

　原体験は、過去の体験や価値観から「なぜ」を重ねて深掘りすることで見つけることができます。原体験を見つけると自分の行動の大元を知ることができ、ビジネス創造力の原動力になります。こちらの詳しいやり方は、『原体験ドリブン 人生の答えの９割がここにある！』（チカイケ秀夫／光文社）をご参照ください。

子供の頃、好きだったことは何ですか？

_____

それは、なぜ好きだったのですか？

_____

　自分が本当に実現したいこととその理由を深掘りするための観点をいくつか紹介しました。実際に取り組んでみると時間がかかることが分かるでしょう。また、いったん回答しても、時間をおいて再び取り組んでみると、新たな発見があるものです。

　本書では、自分の本当にやりたいことを見つけ、まとめるために、自己分析とセルフブランディングのワーク（P182）も用意しています。ぜひ、併せてご活用ください。

コ ラ ム

ウェルビーイング・センタード・デザイン（幸せ中心設計）

　デザイン思考の中心概念は、人にとって使いやすい製品やサービスを設計する「ヒューマン・センタード・デザイン（人間中心設計）」です。クリエイティブ思考では、それを拡大した「ウェルビーイング・センタード・デザイン（幸せ中心設計）」を採用しています。

　これは前野教授が提唱している「ウェルビーイングを陽に考慮した設計思考」です。幸せを中心に据えることで、自分、相手をはじめ、社会から世界まで一気通貫して幸せになる「自利・利他・円満」を目指します。幸せのメカニズムを創造的思考に応用して0から1の発想をし、イノベーションを目指しましょう。

2 理由と形の関係性。
なぜ、そのアイデアはその形なのか

　形を創り出す際には、まずは理由を設計することを心がけましょう。理由を設計すれば、形は半自動的に決まります。アイデアが固まったら、そのアイデアにビジュアルリサーチ、ムードボード、デザインパーソナリティの作成を行い、形の理由を設定します[2]。ポイントはアイデアの人格化です。

ビジュアルリサーチ
そのデザインに対して、どんな形が適切なのかリサーチする。

ムードボード
ビジュアルリサーチを分類し、1つのデザインコンセプトに対して1枚のボードにまとめる。

デザインパーソナリティ
デザインの3つのキーワードと3つの性格を設定し、人格化する。

　これらからデザインコンセプト、キーワード、人格を導き出し、最適な形をデザインします。形は創るというよりは浮かび上がってくるものであり、ビジュアルリサーチ、ムードボード、デザインパーソナリティが揃うと最適な形を連想できるようになり、デザインに反映できます。

　「実現に向けた理由」と「形をデザインする理由」という2つの理由、Causeについて説明しました。このどちらかが欠けてもうまくいきません。アイデアを思いついても、実現させるのが難しいという方は、自身がこの2つのCauseを深められているか、ぜひ振り返ってみてください。

2　ビジュアルリサーチ、ムードボード、デザインパーソナリティの具体的なやり方は、巻末の付録「プレゼンテーション資料の作成」を参照。

CREATIVE

レッスン
Lesson **3**

創造的思考を広げる
クリエイティブ思考の手法

1. 観察　主筆：上野郁江　副筆：芝哲也
2. 発想　主筆：芝哲也　　主筆：上野郁江
3. 試作　主筆：芝哲也　　副筆：上野郁江
4. 選抜　主筆：芝哲也　　副筆：上野郁江
5. 精錬　主筆：芝哲也　　副筆：上野郁江
6. 伝達　主筆：上野郁江　副筆：芝哲也

1 観察（Observation）

1 オブザベーション

デザイン思考 日本式デザイン思考　システム×デザイン思考
編集思考　プロデュース思考　エンジニア思考　起業家思考

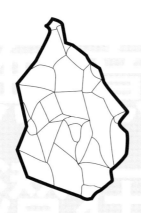

Observation
旅行者のように観る
仮説を持たずに現場を観る

答えは現場にある。
奥にある隠れているものを
見つける。

概要

　オブザベーションとは、現場に出向き、言葉の通り「観察する」こと。「全てのものを初めて見る」かのような気持ちで、好奇心を持って行います。また、仮説を持たず、ありのままを観察することが大切です。

目的

- 見えているものの奥にある隠れている部分を掘り起こす
- 驚くべき発見をする
- インサイトを得る

手順

1．現場に行く

2．観察する

3．発見をメモにとる

▶ 論理的に正しいことが正しいとは限らない。 だからこそ仮説を持たずに観る

　多くの場合、「頭で考え予測したこと」と「実際に起こっていること」にはズレが生じています。大抵、答えは実際に起こっていることの中にありますが、表面的に物事を見るだけでは見つけられません。見えているものの奥にある、隠れている部分を掘り起こすことができれば、答えにたどり着けるかもしれません。

　1つ、具体的な事例を紹介しましょう。子ども用の歯ブラシは、論理的に考えれば、大人用の歯ブラシを身体の小さい子どもに合わせて小さくすればよさそうです。そのため、長年子ども用の歯ブラシは大人用の縮小版が主流でした。しかし、米IDEO社が歯を磨く5歳児の様子を観察したところ、小さいブラシでは握りにくそうにしていました。子どもの指は発達途中にあるため物を強く握ることが難しく、そして細やかにコントロールができないことが原因でした。このオブザベーションでの発見により、オーラルBは大人より握り口が「太い」歯ブラシを開発し、子ども用歯ブラシにおける全米1位の座を8カ月間にわたり手にしたのでした。

　これは、常識だと思っていたことは常識ではなかった。論理的に考えて正しいはずのことが、いつも正しいとは限らないという良い事例です。頭で考えているだけでは、本当のことは見えてきません。だからこそ、最初

に仮説があったとしても、その妥当性を確認する方向で観察するのではなく、その仮説を一旦保留し、先入観を持たずに現場に赴き、観察する必要があるのです。

▶ 誰も答えを知らない、だからこそ観察する

スティーブ・ジョブズが「顧客は自分が何を欲しいのか分かっていない」と言ったように、自分たちが分かっていると思うことと現実はかけ離れています。私たちの無意識や、顧客の無意識、そして、現場における顧客と現実の関係性を観察することで、答えのない問いに対する驚くべき事実を見つける必要があります。

▶ 日常で「旅行者のような目で観る」脳のスイッチを入れる

海外旅行に行くと、見るもの全てが珍しく、自分の国とのさまざまな違いに気付く経験をしたことはありませんか？　この時、私たちの脳は明らかに通常よりもアクティブに動き、たくさんのことに気付ける「スイッチが入った状態」になっています。この状態で日常を過ごし、全てのものを初めて見るような「旅行者のような目で観る」クセをつけることが大切です。

自分の経験は自分しかできないもの。その一瞬一瞬に実はたくさんの気付きがありますが、日常生活では見過ごしてしまいがちです。脳のスイッチを入れることで日常を観察に変えられるようになると、さまざまな気付きを得て、それらをストックしていくことができます。そして、アイデアを出さなくてはいけない状態になった時に、観察を通じて得た気付きを一次情報として仕事に活かすことができるのです。

```
/ ワーク
```

インタビューを横から観察して、インタビューされる人の無意識の行動を
観察し、メモするワークです。3人グループを作るのが難しい場合は、
YouTube などのインタビュー動画を見て、インタビューされている人を
観察する方法でも構いません。

1．3人グループをつくる
2．自己紹介する（1人1分ほど）
3．役割を分ける

    役割1：インタビューする人

    役割2：インタビューされる人

    役割3：観察者
4．1人5分間でインタビューする
5．5分で役割を交代し、全員が全ての役割を終えるまで続ける

インタビューのお題は「好きでついついやってしまうこと」など答える
側が答えやすく、熱のこもりやすい内容が良いでしょう。観察者は、イン
タビューされる人を観察し、話している時どのような仕草をしているのか、
どの話題の時に熱がこもったか、インタビューされる人の癖や無意識の動
きを観察し、箇条書きにせず、1枚の付せんにつき1アイデアで書き出し
ていきます。そうすることで、後で並べ替えが可能になります。

　やってみると5分という短い時間で、自分がいかに目の前で起こってい
る事象を観察できていないかに気付くでしょう。じっくり観るということ
がどういうことなのか体感でき、観察の基本を学ぶことができます。

2 リサーチ

デザイン思考　日本式デザイン思考　システム×デザイン思考
編集思考　プロデュース思考　エンジニア思考　起業家思考

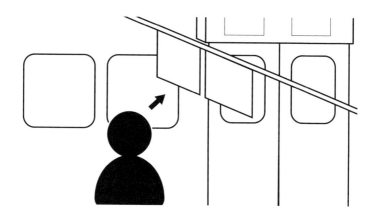

概要

　リサーチは「答えのない問い」に対して「解」を導くために必要な素材
となる情報、判断基準となる情報を集めるスキル。ここでは、常にアンテ
ナを張って情報を集めるリサーチ方法について解説します。

目的

- 5年後、10年後にどう展開するかについて予測する
- 情報を集めて、仮説を検証する

手順

1. 情報を集める／定点観測する
2. 仮説をつくる
3. 検証する

▶ 時流の変化にアンテナを張る

アンテナを張って情報を集める対象としてお薦めなのが、「時流によって変化するもの」です。例えば、テレビ CM や車内広告を定点観測してみましょう。

今から約 30 年以上前、1988 年に発売開始となった栄養ドリンク「リゲイン」のテレビ CM では「24 時間戦えますか？」がキャッチコピーとなっていました。驚くことに、このコピーがカッコいいビジネスパーソン（ちなみにこの時代は「ビジネスマン」と表現するのが一般的でした）の象徴となり、大ヒットしたのです。しかし、働き過ぎによる過労死事例がメディアに取り上げられ注目されるようになり、労働基準法の遵守が当たり前の世相となった現在、このキャッチコピーは世の中に受け入れられることはないでしょう。

雑誌や新聞、YouTube 動画に出稿されている広告の内容をチェックするのもお薦めです。例えば、会社で今後検討する新商品・サービスの企画を考える際には、その商品・サービスのターゲット層と同じメディアの広告をチェックします。どういった製品の広告が掲載されているのか、使われているキャッチコピーでは、どのような表現が使われているかといった情報を集め、ターゲット層のニーズやライフスタイルなどを分析します。

情報をインプットした後は、自分なりに業界動向を考え、仮説をつくります。1 年後、5 年後、10 年後には何が主流となるかの仮説を設け、数年後に検証してみます。正しかったならば自分の経験値として蓄えてください。間違っていたのならば、何が足りなかったのかなどを検討します。

定点観測で気をつけるべきは「差」です。「以前と比べてキャッチコピーの方向性がどう変わっているのか？」など、比較して自分の中で言語化し、

メモを貯めておくとよいでしょう。

▶ 得意分野以外の情報をリサーチする

　自分が見ている世界はとても限定的です。自分が想像している以上に、自分の知らない世界は広く大きいものです。意図的に視線を向けないと情報が入ってきません。

　手軽にできるリサーチ方法を 1 つ紹介します。それは過去の人脈の活用です。転職したことのある人は以前の会社の人脈があります。転職したことのない人は学生時代の友人も立派な人脈です。特に学生時代の友人は、さまざまな業種で働いている可能性が高く、リサーチする対象としてお薦めです。一緒にお酒を飲みながら話をするだけでも、他業界の動向が分かります。

　また、「いつも読んでいる雑誌や書籍以外」をリサーチすることも有効です。スマートフォンやタブレットのアプリで読める、雑誌読み放題サービスの活用がお薦めです。ビジネス書や経済誌を読むことが多いのであれば、IT ガジェットを扱う雑誌や、山登りやキャンプ、釣りなどを扱うアウトドア雑誌、高級ブランドを扱うファッション誌など、自分にはまったく興味のないものに目を通すことで、視野を広げられます。

／ ワーク

自分がいつも読まない雑誌の広告を調べてみましょう。気付いたことや感じたこと、インサイト[1]を書き留めましょう。

1　インサイトについては、83 ページを参照。

2 発想（Ideation）

　発想には、アイデアをたくさん出す**発散**のプロセス、アイデアをまとめていく**収束**のプロセス、そして、それらのプロセスを踏まえて、カタチにしていく**結実**のプロセスがあります。

　解説する手法ごとに、発散、収束、結実のどのプロセスで活用できるか、アイコンで示しています。ご自身で手法を使う際の参考にしてください。

1 ブレインストーミング

デザイン思考　日本式デザイン思考　システム×デザイン思考
編集思考　プロデュース思考　エンジニア思考　起業家思考

概要

　ブレインストーミングとは、問いに対して、複数人で自由に発想するアイデア発想法です。①付せんにアイデアを書いて、②場に出し、③アイデアを話して共有する、という一連のプロセスを時間制限を設けて繰り返していく中で、他者のアイデアに乗っかりながら、自分だけでは思いつかないアイデアを出すことができます。

目的

- 問いに対して、一人で考えられる範囲を超えて、アイデアを出し切る。複数人で時間を決めてアイデアを出すことで、自分の考えていなかった範囲も網羅的にカバーできる
- 参加者のアイデアにインスパイアされたアイデアを出すことができる
- 思ってもみなかったアイデアを聞くことで思考を広げることができる

手順

1. 問いと時間を設定する
2. 問いに対してそれぞれアイデアを付せんに書く
3. アイデアを声に出してシェアする
4. 時間まで繰り返す

ポイント

▶ グランドルールを設ける

ブレインストーミングのグランドルールは4つあります。これらを参加者と共有します。

判断保留

アイデアを批判せず、ポジティブマインドで。どんなアイデアでもその場で判断することなく、まずは受け入れる。

自由闊達

思いついたことは、どんなことでも話してよい。正しいとか、正しくないとかの話ではないので、何でも自由に話す。

質より量

アイデアは質より量を重視する。些細なことや、一見すると面白くないことでも、頭に浮かんだことは全て出す。それらがヒントになることも多く、頭に引っかかっていると他のアイデアが出にくくなる。思いついたものは全て出すことによって見えてくることがたくさんある。

結合改善

お互いに刺激し合いながら、より良いアイデアを創出する。相手の出したアイデアを改良して自分のアイデアとして出してもよい。誰が言ったかは大切ではなく、より良いアイデアに進化させられたかが重要。

▶ 問いの立て方

　ブレインストーミングにおいて問いを立てる際には、目的や状況に応じて問いの抽象度を明確にしましょう。メンバーがイメージを持てると自由なアイデアが出やすくなるため、インサイトを見つけやすくなります。

　図 3-1 は「人脈を増やす方法」をテーマに、抽象度ごとに問いを設定した例です。具体的な問いにはアイデアを出しやすくする効果があります。特に 5W1H を掛け合わせた問いを設定すると、メンバーは具体的なイメージが持ちやすくなり、より多くのアイデアを出すことができるようになります。

　具体的な問いにより、たくさんのアイデアが出てきても効果的なインサイトを得られなかった場合などには、抽象度を上げて軸をずらしてみましょう。抽象的な問いは発散しやすくなる一方で、自由度が大きすぎるため、初めてブレインストーミングに取り組む人にとっては、逆にアイデアが出づらくなることがあります。

	具体的 ←→ 抽象的		
問いを 考える際の ヒント	・5W1H を起点に日常を イメージできる範囲を設 定する ・「いつ」「どこで」「誰が」 「どのような」などを掛 け合わせて問いを作る	・「軸」をずらして問いを 作る 例：「人脈を増やす」と いうテーマに対して、 「増やす」から「性格」「特 徴」に軸をずらす ・真逆の視点を加える 例：「人脈を増やす」と いうテーマに対して「人 に会わない」を加える	・今までにない〇〇は？ ・〇〇とは何か？
例	・会社と家を行き来する生 活の人は、どうすれば人 脈を増やせる？（How） ・友人が増えたのはどんな 時だった？（When）	・なぜか人脈が多い人の 特徴や性格は？ ・人脈が少ない人の特徴 や性格は？ ・人に会わないで人脈を 増やすには？	・今までにない人脈の増 やし方は？ ・人脈とは何か？
期待される 効果	具体的な範囲を想定しや すくなるため、アイデア を出しやすくなる	軸をずらすことで、視点 を変えたアイデアを出し やすくなる	・抽象度が高いと、自由 にアイデアを出せる ・自由度が大きすぎると アイデアが出づらくな ることもある

図 3-1　目的と状況に応じた問いを立てる

▶ 最後に1分プラスする

　ブレインストーミングに適した時間制限は特にありません。もし迷うようならば7〜10分（4人程度の場合）、一人で行う場合は5〜6分が目安です。また、制限時間が終わった後「＋1分」の時間を設けるのをお薦めします。「もうアイデアを出し尽くした！」と感じた後に、さらに壁を破って出てくるアイデアが「良いアイデア」であることがよくあるからです。

▶ 広い場所を用意しよう

　アイデアをより多く出すための簡単な方法は「広い場所を用意する」ことです。場が狭いと、アイデアを出すことをためらってアイデアを出す勢いが萎縮してしまいます。また、空白があるとそれを埋めたくなるものです。ぜひ、広い場所でブレインストーミングを実施してみてください。

　会議室のホワイトボードを使うよりも、ホワイトボードペーパーを2枚、3枚と貼り合わせて広い場所を用意する方がよいでしょう。キャンバスが広いほど、空きを埋めようとする効果が働き、結果として多くのアイデアを導出することができます。

✏️ ワーク

　「オンライン時代に、人脈を増やすには？」というテーマでブレインストーミングを実施してみましょう。問いの設定も自分で考えてください。

コ ラ ム

PC でブレインストーミングしてもいい？

　ブレインストーミングについて「付せんに手書きする形」を紹介してきました。これは手書きの方がアイデアを出しやすい傾向があるためです。しかし、慣れてくると PC 上でもスムーズにアイデアを出せるようになります。要は頭の使い方です。普段から「問い」を考え、問いに対するアイデア出しをしていると、創造的な思考ができるようになっていきます。慣れてきたらブレインストーミングのほか、本書で紹介している手法を PC で実施しても問題ありません。

　PC だと、①すぐに書いたり消したりできる、②付せん紙などのオブジェクトのコピーが無限にできる、③データの保存性に優れる、といった利点があります。個人的にお薦めしているのは、オンラインホワイトボードツールの Miro（https://miro.com/）です。ホワイトボードの領域がとても広いため、アイデア発想の際に枠や制限がなくなること、コピーなどの操作性が高いことなどがお薦めしている理由です。

チームメイトとビジネス創造力の関係

　会社の業務は、チームで仕事をすることがほとんどです。チームとの良好な関係によって、アイデアはより良い方向に変化していきます。ここでは、ビジネス創造力をチームで発揮するためのポイントをお伝えします。

　　1．メンバーの人生観をシェアする

　　2．メンバーの価値観（嬉しいこと、嫌なこと）をシェアする

　　3．メンバーの特技と学びたいことをシェアする

　　4．メンバーの哲学をシェアする

　人間には共通する部分はあるものの、それぞれ大切にしている価値観があるため、意見の食い違いからもめることもあるでしょう。もめた時に感情論で争うのを避けるためには、本当に大切にすることを先に話し合って決めておくことが肝要です。

　なぜ先に決めておくべきなのか。もめた時には空中戦になりやすいからです。あらかじめ、とことんまで話し合って大切にする指標を決めておくと「あの時にこれを大切にすると決めたから、これでいいですよね」と互いに納得しやすくなります。時間と気持ちに余裕のある時に、大事な決定事項を決めておきましょう。

2 | 親和図（グルーピング）

発散　収束　（結末）

デザイン思考　日本式デザイン思考　システム×デザイン思考
編集思考　プロデュース思考　エンジニア思考　起業家思考

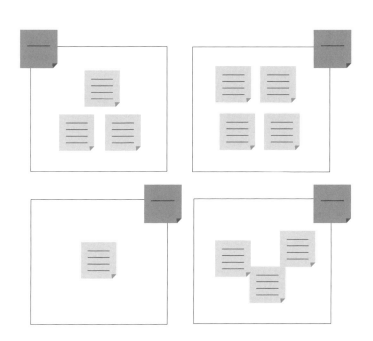

概要

　親和図とは、アイデアを意味の近さ、親和性（上位概念による見えない
関連性）によってグルーピングする方法です。

目的

- アイデアを整理する
- 整理したアイデアからインサイトを得る

手順

1. 意味の近いアイデアを集め、線でくくる
2. タイトルをつける
3. グルーピングされた結果を俯瞰して見ることで、インサイトを得る

▶ タイトルを「〇〇系」だけにしない

タイトルはキャッチコピーをつけるように面白い名前にするのがポイントです。また、創造的な気付きを得たい場合には、「〇〇系」といった「単に似ているもの」だけでグルーピングをしないようにしましょう。似てい

「好きな食べもの」から親和図の作成 その1

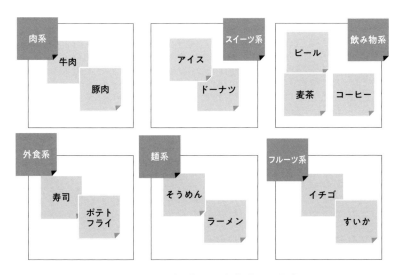

図 3-2　〇〇系で親和図を作成した場合

るものを寄せる時には「上位概念」や、単語の「裏側にある背景（コンテキスト）」が似ているものを意識すると、新しい発見であるインサイトが得やすくなります。

　例えば、図3-2で確認してみましょう。「好きな食べもの」をテーマにブレインストーミングを実施した後、親和図を作った図になります。似ているものを「肉系」「スイーツ系」「飲み物系」と○○系としてまとめています。

　このような親和図結果は、論理的な考え方をする傾向が強い人たちが集まるとよく目にします。体系立ててまとめたい時にはこういった形でグルーピングするのが適していますが、多様性を活かして、創造的な気付きを得たい場合には、右脳優位型のグルーピングを意識してみましょう。

　多様性を活かしながら、似ているものを集める時に「裏側にある背景（コンテキスト）」を意識した例が図3-3です。それぞれ「地元の居酒屋で食べられそう」や「近所のカフェで食べられそう」といったタイトルがつけられています。「そうめん」「すいか」「麦茶」に対してつけられた「おばあちゃんの家で食べられそう」というタイトルを見ると、「確かに！」という気付きがありませんか？　このグルーピングは、好きな食べものを食べることができる「場所」というコンテキストを意識した結果になります。

　さらに、グルーピングが終わって、全体を俯瞰してみると、新たな気付きが得られます。〈地元〉や〈近所〉というキーワードや、「並んででも食べたい」というタイトルが目に入ることが分かります。このことから、どうやらこのグループのメンバーは「高くて美味しいものよりも、『身近で美味しい』にこだわる人が多いのではないか？」というインサイトを得ることができます。

「好きな食べもの」から親和図の作成 その2

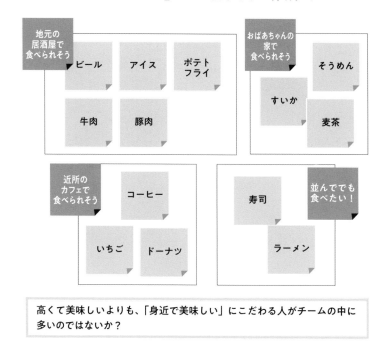

図 3-3 コンテキストで親和図を作成した場合

▶ 仮でよいので枠でくくり、タイトルをつける

　親和図の作成は、ブレインストーミングによって出たアイデア数が多い
ほど、時間がかかります。また、アイデア数が多いと、どこから手をつけ
ればよいのか分からなくなる状態にも陥りやすくなります。

　この状態を避けるために、まず、有効なのは2つ、3つ似ていると感じ
たものを枠でくくり、仮タイトルを付けてしまうことです。それをどんど
ん作っていく。途中で似ているものが出てきたら、その2つのグループを
合併すればよいのです。難しく考えず、どんどん似ているものを集めましょ
う。

▶ コピーを考えるように、面白いタイトルをつける

　グループに対して、コピー（心にひっかかるひとこと）を考えるようなつもりでタイトルをつけましょう。タイトルはブレインストーミングを総括するようなものです。面白いタイトルを考えると、創造性も高まり、記憶にも残ります。そして何より、新しい視点を得ることができます。

▶ 1つだけでもグループになる

　アイデアは、全てがどこかのグループに属さなければならないわけではありません。1つだけであっても、グループとして分類してよいのです。1つだけのアイデアをグループとして、そのグループ名を考え、何が他と違ってユニークなのかを明確にしましょう。

✎ ワーク

ブレインストーミングのワークで実施したブレスト結果をもとに、親和図を作ります。ワーク実施後には、インサイトを書き留めましょう。

コ ラ ム

ブレインストーミングとその変形（熟議・ニューロン発想法など）

　鈴木寛教授が提唱する「熟議」は、ブレインストーミングの変形とも言えます。

　熟議では、まず身近に感じている違和感や課題意識についてブレインストーミングします。続いて、挙げられた課題に対して投票を行って人気を可視化した上で課題を1つ選びます。その後、選んだ課題に対する解決法をブレインストーミングします。

　ブレインストーミングとのやり方の違いは、問いが「課題発見→課題解決」と一連の流れになっている点と、ワークショップの最初に4分間、個々で考えたアイデアを付せんに書く「ブレインライティング」が導入されていることです。ブレインライティングによって、自分のアイデアを書き留めた付せんを手元に用意することができるため、発言が苦手な人でも発言しやすいという配慮がされています。

　僕が考案した「ニューロン発想法」も同じように最初にブレインライティングを行います。親和図を作成した後で、親和図の内容を並べ替えてストーリーを作っていきます。

　熟議もニューロン発想法も、日本でブレインストーミングをうまく行うために工夫し、たどり着いた方法です。日本人の傾向を理解した上で改良を重ねてきた、共通点が見られるブレインストーミングの進化系と言えます。

　オンラインで行うブレインストーミングでも、ブレインライティングを行ってからアイデアを共有する方がスムーズにアイデア発想を行えます。このように手法も状況によって改善されたりカスタマイズされていくものであり、絶対ではありません。同時に、基本を知った上で応用していくことが重要です。

3 インサイト

デザイン思考　日本式デザイン思考　システム×デザイン思考

編集思考　プロデュース思考　エンジニア思考　起業家思考

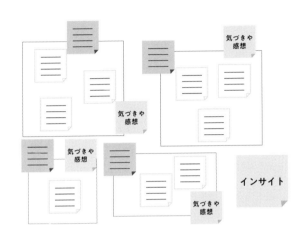

概要

　ワークの過程を通して、自分の中で浮かび上がった気付きや感想をインサイトと呼びます。例えば「新しいナビゲーションシステムとは？」という問いに対して、「人にナビゲートしてくれる」「話し相手になってくれる」といった意見が出た時、「人はつながりの中で生きる」などのインサイトが浮かんできます。今まで気付かなかったことや、学び、驚きが多いほど強いインサイトになります。

目的

- ワークを実施したことで導かれた「強い驚きのある発見」を見つける
- 得られたインサイトを制作過程に反映させる

手順

1．インサイトを別色の付せんに書き出す

2．発言してシェアする

▶ インサイトはメンバーにシェアしよう

　インサイトを出した時、またメンバーのインサイトを聞いた時にその場で思いついたことも別色の付せんに書き出し、場に出して付け加えていきます。自分の中で浮かび上がったインサイトを、ワークを実施しているメンバーにシェアしましょう。

　自分の発言したインサイトが他の人にとっての新たなインサイトに発展していくことが多々あります。恐れず、恥ずかしがらず、どんどんシェアしましょう。

インサイト

　インサイトとは「気付き」のことです。特に、何か行為をした結果、「初めて発見した」り、「分かった」り、「感じた」りすることを指します。普通に考えていたら気付けず、実際の現場を観察することや、アイデアを出し切ってみること、試してみることの結果として、初めて分かることがあります。

　インサイトは創造の中での学びの結晶であり、その中でも「驚きの発見」と言われるインサイトが新しい創造の起点になることが多いと言われています。これからご紹介する手法を試したら、ぜひ、その都度インサイトを出してみてください。

4 二軸図

デザイン思考 日本式デザイン思考　システム×デザイン思考

編集思考　プロデュース思考　エンジニア思考　起業家思考

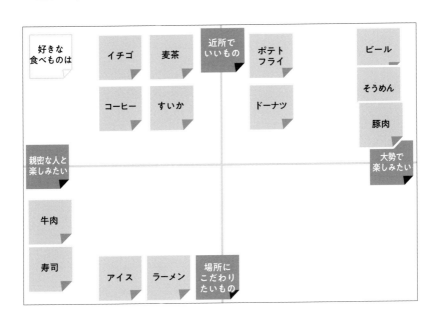

概要

　縦横それぞれに軸を置いて、象限に分けた二軸図に、ブレインストーミングなどで出てきたアイデアを配置していくことで、インサイトを得る手法です。

目的

- アイデアのばらつきや傾向を見つける
- アイデアを新しい視点で見る
- アイデアが足りない象限を見つける

手順

1. 縦軸、横軸を決める
2. アイデアをプロットしていく
3. インサイトを得る

▶ 軸は「正反対」にしない方が創造性が深まる

　二軸図は、マトリックス図とも呼ばれることがあります。ビジネス戦略を決める際などに使われるフレームワークにSWOT分析がありますが、これは縦軸に「内部環境―外部環境」を、横軸に「強み―弱み」を設定した二軸図と考えることができます（図3-4）。自社にとっての強み、弱み、

SWOT 分析

図 3-4　SWOT 分析は論理的な思考を深める

機会、脅威を洗い出すことができるとても強力なフレームワークとして多くの人が使ったことがあるのではないでしょうか。

　創造的思考を発揮したい場合には、二軸図の軸は SWOT 分析のように「正反対の軸を設定しない」ことを心掛けるとよいでしょう。正反対の軸にしてしまうと、論理的な思考を深める傾向が強くなるからです。

　例えば、図 3-5 では縦軸に「近所でいいもの―場所にこだわりたいもの」を、横軸に「親密な人と楽しみたい―大勢で楽しみたい」を設定し、アイデアをプロットしたものです。

　プロット後の二軸図を確認してみましょう。右下の象限（大勢で楽しみたい×場所にこだわりたい）にアイデアがプロットされていないことが分かります。

　例えば、新しい飲食店をプロデュースする必要がある時には、この結果

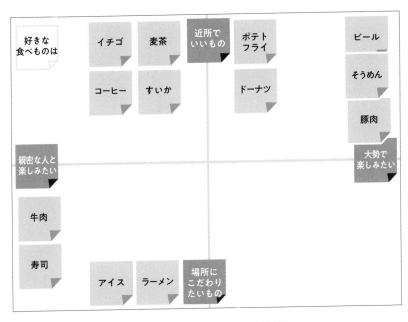

図 3-5　創造性を深める二軸図例

から「大勢で楽しみたい食事で、場所にこだわる形態の店舗は、実際にはあるのか？」といった視点で思考を深めることができます。また、この結果をもとに、右下の象限の条件に当てはまるブレインストーミングを実施すると、今まで気付かなかった食や飲食店に対するヒントが見つかるかもしれません。

親和図は特に軸の設け方に工夫が必要な手法です。デザイン思考の手法として二軸図は多く紹介されています。今までこの手法を使っていたけれど、分類しただけで終わってしまい、インサイトが得られなかった経験がある方は、ぜひ軸の設け方にこだわってみてください。

軸を決めるための「軸決めブレスト」

よく、「軸を決めるのが難しい」という声を耳にします。その場合には、軸決めブレストをやってみるというのも1つの手です。「このテーマで尺度になりえるものは？」という問いを置いて、ブレインストーミングを実施してみるとよいでしょう。テーマが「食」の場合は、「食のテーマで尺度になり得るものは？」という問いになります。

╱ ワーク

ブレインストーミングのワークで実施したブレスト結果をもとに、二軸図を作ります。軸を自由に決め、ワーク実施後にはインサイトを書き留めましょう。

5 バリューグラフ

デザイン思考　日本式デザイン思考　**システム×デザイン思考**
編集思考　プロデュース思考　エンジニア思考　起業家思考

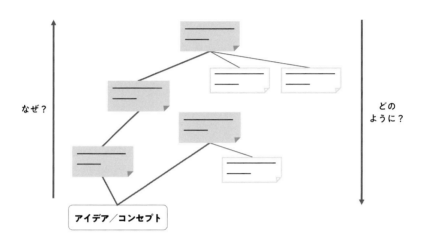

概要

　バリューグラフは、スタンフォード大学の故石井浩介氏が考案した製品・サービスが提供するコンセプト（機能・アイデア）の、そもそもの目的・価値を可視化する手法です。

　課題に対する新しい解決策やアイデアを思いついた時に、それにこだわってしまう傾向は誰にでもあるもの。「もっとクリエイティブな解決策はないか？」と視点と自分の頭の中にある解空間を広げ俯瞰して、ほかの手段を検討したい時にぜひ活用したい手法です。また、自分自身の理解を深めることにも応用できます。

目的

- コンセプトの持つ価値を可視化する

- コンセプトの上位目的を考え、解空間を広げる

- 解空間を広げ、クリエイティブな代替案を考える

- 自分のやりたいことの優先順位をつける（自己理解の場合）

手順

1. 考えを深めたい機能・アイデア（自己理解の場合は「行動や対象」）を設定する

2. 「Why ＝何のためにやるのか」を考え、上位の目的を可視化する

3. より上位の目的に対して、代替案を検討する

ポイント

▶ **Why に注意**

「Why ？」という質問に対する解には、「目的（何のため？）」と「原因

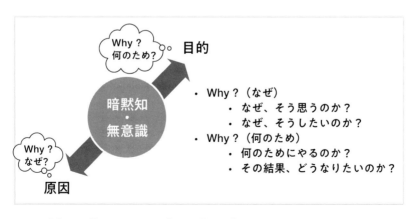

図 3-6 「Why ？」への解は目的と原因の 2 つのベクトルがある

（なぜ？）」という2つのベクトルがあります（図3-6）。「なぜ？」と聞かれると、その事象を引き起こしている原因について考えがちな人は、その機能・アイデアが存在する「価値」や「目的」（＝何のため？）を考えるようにしましょう。

▶ **自由に代替案を検討する**

代替案を検討する時は、多様性のある複数のメンバーで、より自由な発想をどんどん取り入れながら検討するのがお薦めです。図3-7は、考案者の石井氏が1987年にアップル社でPCに取り付ける「空冷ファン」についての価値を討議した時の図です。「空冷ファンは、そもそも（このPCにとって）何のために必要なのか？」という点で、空冷ファンの持つ「価値」「目的」を可視化しています。

大切なのは、上位の目的に対して代替案を検討することです。「空気の流れ」をつくることを実現したいのであれば、空冷ファンでなくとも「ボー

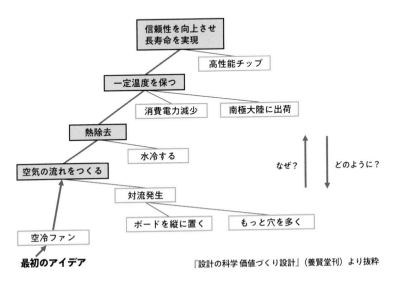

『設計の科学 価値づくり設計』（養賢堂刊）より抜粋

図3-7　より上位の目的を可視化し、代替案を検討する

ドを縦に置く」ことや「もっと穴を多くする」ことでも代替可能である、という点をあぶり出します。より上位の価値に対しても、同じように代替案を検討していくことで、解空間を広げることが可能になります。

代替案の中に「南極大陸に出荷」という突飛なアイデアも出ています。複数人で検討する時には特に、このような自由な発想を歓迎する空気を醸成しながら、自由に代替案を検討しましょう。多様性を活かすことで、自分一人では考えつかないアイデアが生まれることもあります。

▶ 自己理解へ応用するには

人は誰しも「自分が本当にやりたいことは何なのか？」「自分が時間をかけてやるべきことは何なのか？」といったことを考えるタイミングがあります。就職活動をするタイミングで、自分がどの業界に就職したいのかを検討するために、自己分析に取り組んだ経験がある方も多いのではないでしょうか。

このバリューグラフを自己理解に応用したい時には、スタートを「最初のアイデア」ではなく、自分の中にある「今やりたいこと」などの欲求に

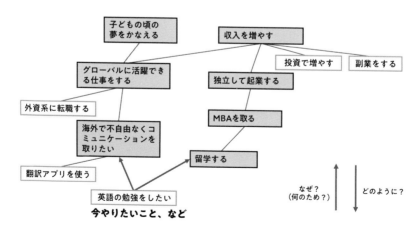

図 3-8　自己理解への応用

します。例えば「転職したい」「英語を勉強したい」などです。

「今、自分がやりたいこと」の上位にある目的を可視化していくことで自分のモチベーションアップにつながったり、他の代替手段が見つかることでさらにやるべきことが見えてきたりします。図3-8を見てみると、「英語の勉強をしたい」ことの最上位目的は「子どもの頃の夢をかなえる」であることが分かります。自分の中にある欲求が、実は子どもの頃からずっと抱えているものであると認知された結果、モチベーションアップにつながるでしょう。また、「収入を増やす」という上位目的が可視化されたことで、他の代替手段として投資や副業があることも分かります。

この結果を見て、自分が今「何に時間をかけるべきなのか」「すぐにできることは何か」などの気付きを、今後の計画に反映することもできるでしょう。転職を検討する時や、自分が新しいことを始めたい時などに、ぜひ活用してみてください。

✎ ワーク

あなたが今やりたいことのバリューグラフを書いてみましょう。

コラム

行動から自分の上位目的を導く

　自己分析は「セルフブランディング」に活用することができます。セルフブランディングができると自分の行動指針が固まるため、人生のターニングポイントで自分の行動を決める時の指針になるでしょう。ブランディングの具体的なやり方はレッスン4で解説しています。

6 アーキタイプ

デザイン思考　**日本式デザイン思考**　システム×デザイン思考
編集思考　プロデュース思考　エンジニア思考　起業家思考

iPhone
プロダクト

画面をタッチスクリーンにすることでたくさんあったボタンを
1つだけ残して、シンプルに機能統合したスマートフォン

概要

　アーキタイプは英語の archetype「元型」にちなんで命名しました。元型とは「時代と文化を超えた人類普遍的な心像（イメージ）や観念を紡ぎ出す源泉」（大辞林より）のことです。

　まず世の中にすでにある良いアイデアを分析して、コアバリューを見つけ出すまでが分析手法としての活用法です。そして、見つけたコアバリューを応用して新たなアイデアを出すことで創出手法になります。

また、アイデアの分析を重ねることで浮かび上がる、何度も出てくるコアバリューのことを、元型の持つ意味を踏まえて「アーキタイプ」とも呼びます。

目的

- すでに世の中にあるアイデアから学び、良いアイデアの核となる要素を抽象化して抽出する
- 自分で作るアイデアに応用し、歴史を踏まえた上での新しいアイデアを創出する
- アイデアのクオリティを理解する

効果

- 良いアイデアを学んでクオリティ・ラインを知ることができる
- 良い理由から学び、応用することができる
- 良いアイデアの指針が分かりやすくなる

手順

[アイデアの分析]

1. 良いアイデアを見つける
2. 良いアイデアを真ん中の付せんに書く（写真や画像でもよい）
3. 周りに、そのアイデアが良い理由を書く（図3-9）
4. 良いアイデアの良い理由を絞り3つのコアバリューを選ぶ

[アイデアの創出]

1. アイデアを出すテーマを決める
2. テーマに2つのコアバリューを掛け合わせてアイデアを出す（図3-10）

チーズ転がし祭り

イベント

イングランド南西部のグロスターシャー州で 200 年以上続く年中行事。丘の上から丸いダブルグロスターチーズを転がし、参加者も一緒に駆け下り、丘の麓のゴールを目指す

図 3-9 4 ～ 8 個の良い理由を書く

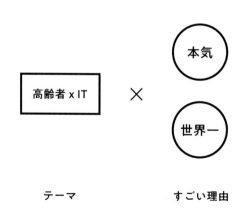

図 3-10 テーマに 2 つのコアバリューを掛け合わせる

3．コアバリューを変えて再びアイデアを出す

4．2～3を繰り返す

▶ どんなアイデアでも分析対象

　過去や現在のプロダクト、サービス、芸能からニュースに至るまで、ど
んなものでも分析対象になります（図3-11）。昔から受け継がれてきてい
る伝統芸能の演目も、世間を賑わすニュースも、世界的に大ヒットしてい
る音楽も、何かしらの理由があるからこそ取り上げられ、話題になり、ヒッ
トして、残っているのです。その理由を知り、応用することができれば自

不倫にむち打ち刑推進派の男性、不倫発覚でむち打ち
ニュース

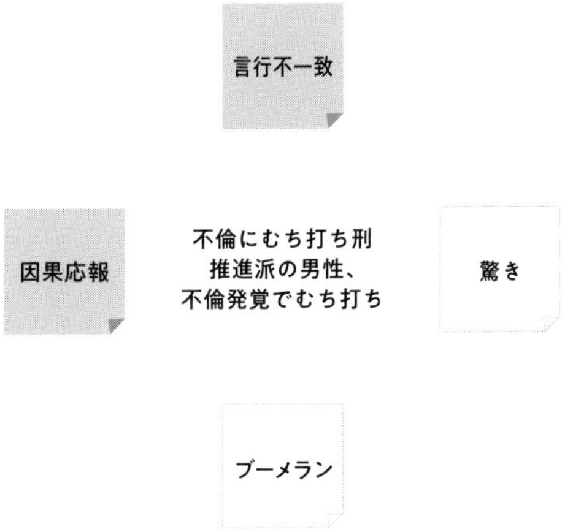

言行不一致

因果応報

不倫にむち打ち刑
推進派の男性、
不倫発覚でむち打ち

驚き

ブーメラン

インドネシア北部アチェ州でこのほど、不貞行為をむち打ち
刑相当とする厳格な法律の整備を進めた組織のメンバーが不
倫現場を摘発され、公開むち打ち刑に処された

図 3-11　どんなニュースも分析対象になる

分のアイデアも話題になり、取り上げられヒットする可能性が高まります。自分がアイデアを出さなくてはいけない分野のものだけでなく、異分野のものも分析し、アイデアのストックに入れていきましょう。

▶ 主観的に出す

　良いアイデアに関しては主観的に選び、主観的に良い理由を出していくことをお薦めします。他人に教えられたものではなく、良い理由も自ら見つけ出していくことで自分の視点が入ったオリジナルのものになっていきます。まず、自分が選んだアイデアがなぜ良いのかを、自分の感覚を信じて分析しましょう。自分で分析し、応用することで自分の感覚を磨くことができ、独自のコアバリューを生み出していくことができます。

▶ さまざまな組み合わせを試す

　アイデアを出す時、1つのコアバリューに固執するのではなく、さまざまなコアバリューを組み合わせて多くのアイデアを出した方が、強いアイデアを出す打率は上がります。アイデアをたくさん生み出し、そこから選んでいくという姿勢はブレインストーミングと変わりません。ルーレットのように何度もコアバリューを変え、アイデアを出してみましょう。

▶ 分析をストックしてアーキタイプを見つける

　アーキタイプ分析は、分析を重ねれば重ねるほどクオリティ・ラインに対する理解とアイデアの幅が広がります。たくさん分析してストックしていきましょう。そして、何度も出てくるコアバリューである「アーキタイプ」を見つけていきましょう。図3-12、3-13にアーキタイプによる分析例を示します。

オリンピック
イベント

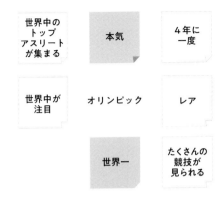

4年に一度開催される世界的なスポーツの祭典。
世界中のアスリートが集い、世界一の称号をかけて
しのぎを削る

図 3-12 「オリンピック」をテーマにした分析例

鼻セレブ
プロダクト

花粉症患者にとっては救世主の鼻セレブ。ネーミングセンス
が抜群で、愛らしい動物たちのパッケージは女性に限らず誰
もが使ってみたくなる。ティッシュという消耗品に選択肢を
増やし、保湿ティッシュの存在を世に広めた

図 3-13 「鼻セレブ」をテーマにした分析例

7 二極ブレインストーミング（ショート Ver.）

デザイン思考　**日本式デザイン思考**　システム×デザイン思考
編集思考　プロデュース思考　エンジニア思考　起業家思考

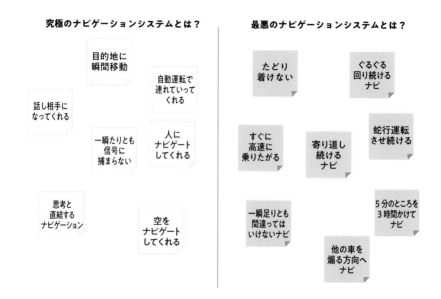

究極のナビゲーションシステムとは？

- 目的地に瞬間移動
- 自動運転で連れていってくれる
- 話し相手になってくれる
- 一瞬たりとも信号に捕まらない
- 人にナビゲートしてくれる
- 思考と直結するナビゲーション
- 空をナビゲートしてくれる

最悪のナビゲーションシステムとは？

- たどり着けない
- ぐるぐる回り続けるナビ
- すぐに高速に乗りたがる
- 寄り道し続けるナビ
- 蛇行運転させ続ける
- 一瞬足りとも間違ってはいけないナビ
- 5分のところを3時間かけてナビ
- 他の車を煽る方向へナビ

概要

　二極ブレインストーミングはブレインストーミングの応用で、「究極の○○とは／最悪の○○とは」という 2 種類の極端な問いに対して、①付せんにアイデアを書いて、②場に出し、③アイデアを話して共有する、という一連のプロセスを時間内で繰り返していくアイデア発想です。あえて「究極と最悪」という両極端な問いを用いることで、一人で考えられる範囲を超えてアイデアを出せるようになります。また、一般的なブレインストーミングで考えられる範囲を遥かに超えて、さまざまな可能性を網羅してア

イデア発想ができます。

目的

- 「究極と最悪」という広い範囲で、さまざまな可能性を網羅してアイデア発想ができる
- 自分の考えていなかった範囲もカバーできる
- 相手のアイデアにインスパイアされたアイデアを出せる
- 思ってもみなかったアイデアを聞くことで思考の枠を広げることができる
- アイデアが未来において行き着く先が複数見られる

手順

1. 「究極の問い」と「最悪の問い」と制限時間を設定する
2. 問いに対してそれぞれアイデアを付せんに書く
3. アイデアを声に出してシェアする
4. 2〜3を時間になるまで繰り返す
5. アイデアをグループ化する
6. 「逆転の発想」で究極のアイデアに対しては課題点を示し、最悪のアイデアに対しては、ポジティブな視点でのアイデアか、最悪の状態が起こらないための解決策を出す
7. インサイトを出す
8. アイデアをつなぎ、つないだ理由を書く

▶ 極端なことしか言えない問いにより「大胆な発言ができる環境」を作る

カナダ・ブリティッシュコロンビア大学のスティーブン氏の論文「カナダ人学生と日本人学生の社会的望ましさ（Social desirability among Canadian and Japanese students.）」によると日本人は発言の時に「社会的望ましさ」を意識する傾向が諸外国の人々に比べて特に高いことが指摘されています。日本人は社会に望まれそうなアイデア、頭が良さそうなアイデア、空気を読んだアイデア、どちらとも言えない微妙なアイデアを出すことが多く、「空を飛ぶ車を作る」といった突拍子もないアイデアを言うことをためらいがちです。

そこで、二極ブレインストーミングでは、「究極の〇〇」「最悪の〇〇」という極端なことしか言えなくなる問いを設定することによって突拍子もないことを言わなければならない状況を作り、強制的にアイデアを出す解空間を広げています（図3-14）。

**「極端なことしか言ってはいけない」という制限が、
参加者の発想を押し広げる**

図 3-14　解空間を広げる極限思考

恥ずかしさや空気を読んでしまい極端なことが言えない人であっても、極端なことしか言えないルールのもとならば大胆な発言ができます。このルールによって、一人でも大胆なことを言えば、その発言が基準となり、他のメンバーも大胆な発言がしやすくなります。大胆な発言によって考えてもいなかったアイデアが誘発され、その部分を深く掘ることによって、言われれば想像できる「枠」を超えて想像外のものが出てきます。また、研究で実施した科学的検証では「実現可能なアイデアが生まれる可能性」が高まるという結果が出ています。

▶ グランドルールを設ける

二極ブレインストーミングのグランドルールは次の4つがあります。これらを参加者と共有します。

判断保留

アイデアを批判せず、ポジティブマインドで。とりあえず、その場で判断することなく、まずはどんな意見でも受け入れる。

極限思考

極端な問いに対して極端なアイデアを出す。「究極の○○」「最悪の○○」という2つの極端な問いに対して、今まで考えもしなかったような極端なアイデアをたくさん出す。

質より量

アイデアは質より、量を重視する。些細なことでも、一見すると面白くないことでも、頭に浮かんだことは全て出す。それらがヒントになることも多く、頭に引っかかっていると他のアイデアが出にくくなるし、出すことによって分かることがたくさんある。

結合改善

お互いに刺激し合いながら、より良いアイデアを創出する。相手の出した
アイデアを改良して自分のアイデアとして出してもよい。「誰が言ったか」
は大切ではなく、より良いアイデアに進化させられたかの方が大切。

▶ ネガティブなものの中に希望を見いだす逆転の発想

　通常のブレインストーミングでは批判的なアイデアは出さないようにし
ます。しかし、二極ブレインストーミングでは手順6の「逆転の発想」で、
あえてアイデアに批判的な視線を向けてみます。究極のアイデアには課題
点などを指摘し（ツッコミを入れる）、最悪のアイデアにはポジティブな
側面を見つけたり、ネガティブな状態にならないための解決策を考えたり
する、視点を転換する工程を設けています（図3-15）。

　逆転の発想により本当に良いアイデアにはあまり課題点がなかったり
突っ込みどころがなかったりすることが分かります。また、悪いことも見
方を変えれば良いことに変換されていくという体験により、常識を超えた
アイデアを誘発することもできます（図3-16）。

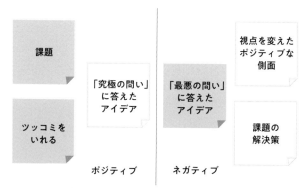

**極限のアイデアを出すだけでなく、
批判的な視点を持つことでアイデアの強度が変わる**

図3-15　逆転の発想

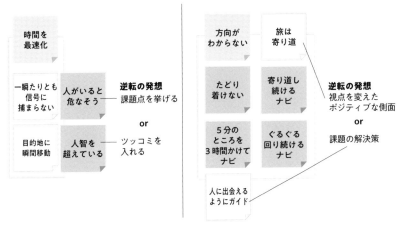

究極のナビゲーションシステムとは？

| 時間を最速化 |
| 一瞬たりとも信号に捕まらない | 人がいると危なそう |
| 目的地に瞬間移動 | 人智を超えている |

逆転の発想
課題点を挙げる
or
ツッコミを入れる

最悪のナビゲーションシステムとは？

方向がわからない	旅は寄り道
たどり着けない	寄り道し続けるナビ
5分のところを3時間かけてナビ	ぐるぐる回り続けるナビ
人に出会えるようにガイド	

逆転の発想
視点を変えたポジティブな側面
or
課題の解決策

図 3-16　逆転の発想でアイデアが誘発される

▶ 全体関係図で究極と最悪の関係性を明確にする

　「究極の○○」と「最悪の○○」、それぞれの問いで出したアイデアをつなげて関係性を見つけます（図3-17）。関係性を明確にすることで、今まで見えていなかったものが明示化されます。この時に得られるインサイトが、さらにアイデアを深掘りして発想するのに役立ちます。

　親和図でグループ化した時と同じような要領で、意味がつながるもの、上位概念でつながっているものを見つけ、線でつなぎ、その理由を書きます。アイデアとアイデアをつないでもいいですし、グループのタイトル、逆転の発想、インサイトなど、場に出てきているどの要素とつなげても構いません。

　例えば、図の「究極のナビゲーションとは？」の中の「目的地に瞬間移動」と「空をナビゲートしてくれる」を線でつなぎ、そのつながりの理由を「時間」と書きます。グループのタイトルである「コミュニケーション」と「運転しない」をつないで「運転以外のこと」と理由を書くという要領

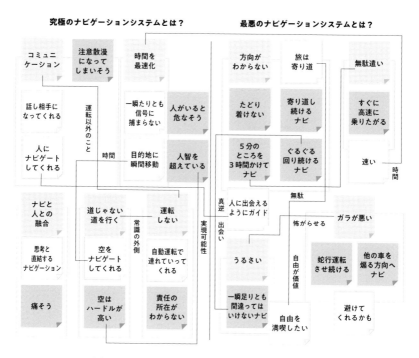

図 3-17　アイデアをつなげて関係性を見つける

です。

　まず、「究極の○○」「最悪の○○」それぞれの中で、関連性のあるもの
をつなぎます。その後に「究極の○○」と「最悪の○○」でつなぎます。
それぞれで出したアイデア、グループタイトル、逆転の発想、インサイト
など場に出ている要素をすべて俯瞰して、見比べます。ここでも意味がつ
ながるもの、上位概念でつながっているものをつなぎ、理由を書きます。

　コツとしてはまずは難しく考えすぎず、直感的に線でつないでみて、そ
の後、理由を書くと取り組みやすいでしょう。

8 ビジョン、ミッション、フィロソフィー

 結実

デザイン思考 **日本式デザイン思考** システム×デザイン思考
編集思考 **プロデュース思考** エンジニア思考 起業家思考

Vision	Mission	Philosophy
描きたい未来	**存在意義**	**哲学・大切にしたい価値観**
どんな未来を描きたいか？	なぜ、何のために存在するのか	1番大切にしたい価値観は何か？

例：

高齢者が最後まで楽しめる社会	シニアのITライフをデザインする	高齢者になってからさらに楽しめる

概要

　アイデアの上位概念として、ビジョン、ミッション、フィロソフィーを作ります。ビジョンは「描きたい未来」、ミッションは「存在意義」、フィロソフィーは「大切にしたい価値観」のことで、これらはアイデアやコンセプト、コンテンツの上位概念です。アイデアの良しあしやピボットなどを判断する時の指針として使います。二極ブレインストーミングを実施すると究極に良いものと最悪なもののアイデアの行き着いた先を見ることができるので、ビジョン、ミッション、フィロソフィーを踏まえた上でのコンセプトを出すことが容易になります。

　これらを決める時は、事前に二極ブレインストーミングを実施して思考

の範囲を広げてからがお薦めです。より多くの案が出てきます。

目的

- アイデアのもとになる概念を作る
- ゴールを明確にする
- 描きたい未来を明確にする
- 存在意義を明確にする
- 大切にしたい価値観を明確にする

手順

- 二極ブレインストーミングを行う
- ビジョン、ミッション、フィロソフィーを決定する

ビジョン

ビジョンは描きたい未来とありたい姿、両方出てくる可能性があります。

1. ビジョンをできるだけたくさん書く
2. 出揃ったビジョン案に対して「投票[2]」を実施して、人気を可視化する

ミッション

ミッションは抽象的にいうと「存在意義」、具体的にいうと「ビジョン、フィロソフィーを実現するために何をするべきか」です。

1. ミッションをできるだけたくさん書く
2. 出揃ったミッション案に対して「投票」を実施して、人気を可視化する

2　投票については、選抜（P130）を参照。

フィロソフィー

　大切にしたい価値観のことをフィロソフィー（哲学）と言います。

1．フィロソフィーをできるだけたくさん書く

2．出揃ったフィソロフィー案に対して「投票」を実施して、人気を可
視化する

▶ 本当の課題は、「何が課題か」ということ

　「課題」という言葉はよく聞きますが、そもそも何が課題なのでしょう？
そして、何をもってして課題になるのでしょう？

　それを解決してくれたのがケプナー・トリゴーの「**課題とは、理想と現
実のギャップのことである**」という言葉でした。つまり、理想の状態があ
り、現実と比べてみて、どれぐらい理想と現実がかけ離れているか。それ
を課題とする。これはとても分かりやすい定義です。（図3-18）

　このギャップを埋めようとする取り組みが**課題解決**です（図3-19）。こ
の時、理想が描けていなければ本当の課題は見つからないことになります。
逆に、理想が描けていれば、自分の解決策が理想へ続いている、続いてい

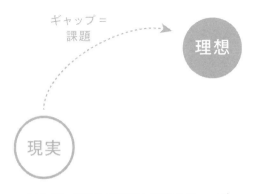

図 3-18　課題とは理想と現実のギャップ

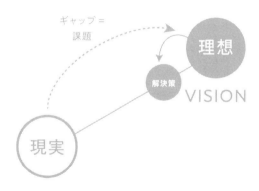

図 3-19　課題解決はギャプを埋める取り組み

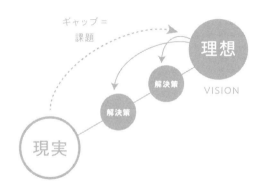

図 3-20　段階的に課題解決することもある

ないという関係性の中でその解決策の良しあしを判断できるようになります。そして、一気に課題を解決する時もあれば、段階的に課題を解決していく時があることも分かります（**図 3-20**）。

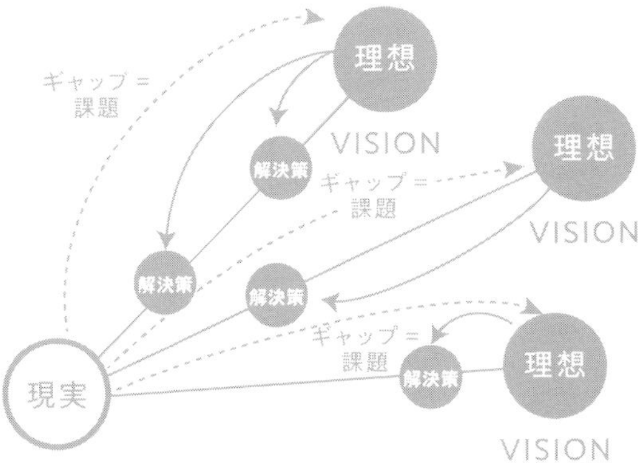

図 3-21　理想は複数あってもいい

▶ **理想は１つでなくていい**

前野隆司教授は、幸せの４因子の最初の１つ「やってみよう因子」について、夢や目標を持ち、それに向かっていると幸せだと説明し、決まって「夢はたくさんあっていい」と話します。なぜなら、１つ目の夢がかなわなければ、２つ目、３つ目に取り組めばいいし、「夢はかなえる途中でも取り組んでいれば幸せになれる」からです。

これは理想にも同じことが言えます。１つ目の理想が１番良い理想とは限りませんし、実現するものもあれば実現が難しいものもあります。理想を複数持ち、状況に応じてピボット（方向転換）すれば理想のうちのどれかが実現できるので、結果的に現実が理想に近づくことができて課題が解決していきます（図 3-21）。

▶ **ビジョンが見えない場合も哲学があればなんとかなる**

理想の状態が想像できない場合は、大切にしたい価値観であるフィロソフィー（哲学）について考えてみましょう。フィソロフィーを明確にしたら、それを大切にするための解決策を考えることで、理想が見えていなく

図 3-22　哲学の枠の中で解決策を考える

ても前に進むことができます（図 3-22）。

▶ 課題を解決しなくてもいい「価値創造」という考え方

　マイナスをゼロにするのが課題解決だとすると、ゼロをプラスにしたり、プラスをもっとプラスにしてもよいわけです。エンターテイメントとして純粋に楽しいということでも構いません。これを**価値創造**と言います。必ずしも課題を解決しなくても、顧客にどんな状態になってほしいかを思い描くことはでき、大切にしている価値観を大切にすることで価値創造することもできるのです。

▶ ビジョン、ミッション、フィロソフィーの重要性

　アイデア発想で1番重要なのは、ビジョン、ミッション、フィロソフィーです。アイデアはこれらを満たすためにあり、アイデア自体が最重要なのではありません。ビジョン、ミッション、フィロソフィーが満たされる方向を目指して進むことが大切なのです。

9 コンセプト

デザイン思考 **日本式デザイン思考** システム×デザイン思考
編集思考 **プロデュース思考** エンジニア思考 起業家思考

会いに行ける
アイドル

家族で遊べる
ゲーム機

地球に優しい
エコカー

AKB48   wii   プリウス

コンセプト

読んだ時に、
どんな行動をしなくてはいけないか
わかるひとこと

概要

　コンセプトとは「読んだ時に、どんな行動をしなくてはいけないかわかるひとこと」です。この定義は、テレビ番組『テレビチャンピオン』のプロデューサーとして活躍した石田章洋氏の『企画は、ひと言。』(日本能率協会マネジメントセンター) によるものです。

　ブレインストーミングで出てくるアイデアは漠然としていて、思いつきや要素に近く、実行力を持つものは稀^{まれ}です。アイデアをコンセプトに凝縮することによって実現力の高い「企画」に近づけることができます。

　石田氏によると、コンセプトは「〇〇できる XX (可能)」、「〇〇のような XX (たとえ)」、「〇〇から XX へ (変化)」、「〇〇を XX へ (移行)」という4つの型を使って固めます (図 3-23)。

　これらの型に沿ってコンセプトを考えることで、中心にある価値 (コア・アイデア) と行動をつなぎ、「どんな行動をしなくてはいけないかわかる

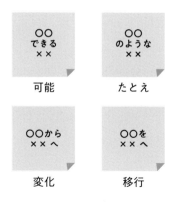

○○
できる
××

可能

○○
のような
××

たとえ

○○から
××へ

変化

○○を
××へ

移行

図 3-23　コンセプト 4 つの型

ひとこと」に落とし込むことができます。

目的

- アイデアを固める
- コア・アイデアを作る

手順

1．時間を設定する

2．4 つの型を使ってコンセプトを書く

3．コンセプトを声に出して共有する

4．2〜3 を時間まで繰り返す

5．出揃ったコンセプトに対して「投票[3]」を実施して人気を可視化する

3　投票については、選抜（P130）を参照。

形態展示から
行動展示へ

コンセプト

伝えるのは
命の輝き

コピー

旭山動物園

図 3-24　コンセプトとコピーの違い

ポイント

▶ コンセプトとコピーの違いを知る

　コンセプトは、読んだ時にどんな行動をしなければいけないか想像がつく言葉であり、コピーは人の心を動かす言葉です。例えば、旭山動物園のコンセプトは「形態展示から行動展示へ」であり、コピーは「伝えるのは命の輝き」でした（図 3-24）。「形態展示から行動展示へ」というコンセプトからは、動物たちの形を展示することから、行動や生き様を展示すればよいことが想像できるため、「ペンギンの行進」などの展示が生まれました。ただし、稀にコンセプトとコピーが同じものになることもあります。コンセプトの事例を図 3-25 に示します。

▶ 4 つの型を有効に使う

　コンセプトには「○○できる XX（可能）」、「○○のような XX（たとえ）」、「○○から XX へ（変化）」、「○○を XX へ（移行）」という 4 つの型があります。それぞれ、何かを可能にしたり、違う分野のものでたとえて転用したり、ある状態をある状態へ変化させたり、ある状態をずらして移行させたりと、企画のコアにある価値を表すことができるフレームになっています。

コンセプト	サービス・プロダクト等
世界の歴史や文化をテーマにしたクイズ番組	日立 世界ふしぎ発見
あらゆるジャンルの日本一を決める番組	TVチャンピオン
とにかく、フジテレビらしい朝から元気な番組	めざましテレビ
筋肉に英語を覚えさせる～英会話体操	英会話体操
モノ売るデパートから生活の提案をするデパートへ	西武百貨店
形態展示から行動展示へ	旭山動物園
家族全員で遊べるゲーム機	wii
宇宙のジョーズ	エイリアン
羽のない扇風機	ダイソン
食べるラー油	食べるラー油
ミュシュラン星付き級の料理人が腕をふるい、高級店の3分の1の価値で提供すること	俺のフレンチ

図 3-25　コンセプトの事例

▶ 投票により人気の傾向を知る

コンセプトを出したら、どれが良かったかを主観的に投票します。

まずは★を何個でも投票します。そして、○は全体の1割程度、◎は1つだけ投票します。ここで注意したいのが、投票によって獲得票数が1番多かったものが1番良いわけではないということです。むしろ、票が多いものは、ただ「人気が高い傾向がある」と可視化されただけだと思っておくことが大切です（図 3-26）。実際にコンテンツを作ってみた時に使いやすさや確からしさが分かってきますが、この時点では完璧に絞り込まず、人気があるという程度に理解しておきましょう。

図 3-26　投票で人気の傾向が分かる

▶ コンセプトが全ての要になる

　コンセプトは、企画をアイデアのまま終わらせずに実現するための中心概念であり、オリジナリティの源泉です。デザイン思考では、このコンセプトの概念が抜けているため、出てきたアイデアがその場だけで終わってしまい、実現しにくい協創手法になってしまっているきらいがあります。

　コンセプトを明確にすることで、実現に向けた具体的な行動がコンセプトに基づいているものかを取捨選択できるようになるため、アイデアのクオリティを下げることなく実現化を目指せるようになります。まさしく、コンセプトが全ての要になるのです。

　詳細は、次項「コンテンツデザイン－コンセプトを軸にして考える（P119）」で解説します。

10 コンテンツデザイン

デザイン思考 **日本式デザイン思考** システム×デザイン思考
編集思考 プロデュース思考 エンジニア思考 起業家思考

コンテンツ名

コンテンツ

コンセプトを軸に、そこから連想される企画内容と
コンテンツ名をまとめたもの

概要

　コンテンツとは、コンセプトを軸に、そこから**連想される企画内容とコ
ンテンツ名**（タイトル）をまとめたもの、コンセプトをより具体化したも
のです。アイデアをコンセプトに固め、さらにコンテンツにすることによっ
て、アイデアの実現性を高めます。1つのコンセプトから複数のコンテン
ツを生むこともできます。

目的

- アイデアを企画にする
- コンセプトを具体化する

手順

1．時間を15分に設定し計る（手順1〜5の時間）
2．コンセプトを選び、真ん中に書き出す
3．コンセプトから連想される内容をその周りに4〜8個書く
4．出揃った要素をひとことで表現できるコンテンツ名を書く
5．コンテンツを声に出して読み上げシェアする
6．出揃ったコンテンツに対して「投票 4」を実施する

ポイント

▶ コンセプトを軸にして考える

　「行動が想像できるひとこと」であるコンセプトを軸にして、そこから連想される行動を想像した結果導き出される**必要な要素**や**機能**を書きます。コンセプトを実現する時にどんな行動を取るのか、サービスもしくはプロダクトはどんな機能を持つのかを具現化して考え、名前を与えることで、企画を具体的に想像できるようになります（図3-27）。想像することができるようになれば、実現まであと一歩です。

　ここで大事なのは、出てきた連想された内容を、コンセプトを軸にして取捨選択することです。例えば、AKB48のコンセプトは「会いに行けるアイドル」です。その実現のために連想された「大人数で1グループにす

4　投票については、選抜（P130）を参照。

顔出しをしない
覆面アイドル

会いに行ける
アイドル

大人数で
1グループを形成

コンセプト

図 3-27　コンセプトは「行動が想像できるひとこと」

る」は、人数が多いほど自分の応援したいアイドルがいる確率が高くなる
と考えられるので、採用すべき具体案です。一方で、例えば「顔出しをし
ない覆面アイドル」という具体案が挙がったとします。この時、「はたして、
顔出しをしないアイドルグループが会いに行けるアイドルと思われるだろ
うか？」というようにコンセプトと照らし合わせることで、具体案を採用
するかしないかを決定できるようになります。

▶ 1 つのコンセプトから複数のコンテンツを生むことができる

　1 つのコンセプトから複数のコンテンツが生まれることはよくあります
（図 3-28）。どれが正しい（実現できるものになる）かは結局作ってみな
いと分からないので、最終的な実現可能性を上げるためにも複数のプラン
を生むことができるコンテンツ化は欠かせないプロセスになります。

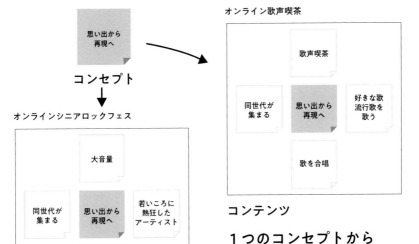

図 3-28　1 つのコンセプトから複数のコンテンツが出る例

アーキタイプで出てきた名称（名前）をコンテンツに変える

　アーキタイプで出てくるアイデアがコンテンツの名前である場合がよくあります。そこで、アーキタイプで出てきたアイデアをコンテンツに変える必要があります。出てきたものから、コンセプトを逆算して導き出し、コンテンツ名とコンセプトを揃える。その後、コンセプトの内容を補足するようにすると、通常とは逆の作り方になりますが、コンテンツを作ることができます。

3 試作（Prototype）

1 高速プロトタイプ

デザイン思考 日本式デザイン思考　システム×デザイン思考
編集思考　プロデュース思考　エンジニア思考　起業家思考

高速プロトタイプ

クオリティを求めず
「アイデアが形になっていれば何でもよい」状態

概要

　高速プロトタイピング（ラピッドプロトタイピング）とは、アイデアを素速く形にして存在検証を行うことです。またの名をダーティプロトタイプとも言われており、精密に作るのではなく、時間をかけずに、クオリティを求めず「アイデアが形になっていれば何でもよい」状態を目指します。たくさんのコンテンツを形にして目や指で確認して比べることが重要です。30分で6個を作るくらいの速さで行います。

目的

- 存在を検証する
- アイデアを形にしてみる
- プロトタイプを比較する

手順

1．家にあるものでアイデアを形にしてみる

2．繰り返す

ポイント

▶ アイデアが説明できればクオリティは一切問わない

　世界一有名なプロトタイプは、マジックと鉛筆削りをセロハンテープで留め、洗濯バサミを挟んだものです（図 3-29）。このプロトタイプは、電気メスを従来型からハンドガン型にしたらどうかという思いつきを説明するために、エンジニアがその場で作ったものと言われています。

▶ プロトタイプの 3 つの方法

① 模型

建築などで使われる建築模型、プロトタイプで使われるモックアップと言われるプロダクトなどの形を表現したものです。

② 寸劇

寸劇は、あたかもそのサービスがあるように振る舞い、サービスなどを表現する時によく使います。別名スキットと言います。

図 3-29　アイデアが説明できればクオリティは一切問わない

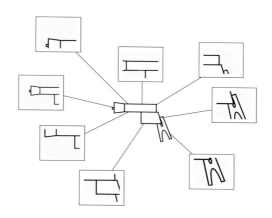

図3-30　1つのプロトタイプは1000の写真ほどの価値がある（IDEO idiom）

③ ペーパープロトタイプ

ペーパープロトタイプはウェブサイトやアプリなどの画面遷移をデザインする時に使います。紙に書いた後は、実際のPCやスマートフォンに貼ることによって三次元化することができます。

▶ 1つのプロトタイプには1000の写真ほどの価値がある

「写真は1000の言葉ほどの価値がある」という英語の格言がありますが、米IDEO社では「1つのプロトタイプは1000の写真ほどの価値がある」という格言が使われていると言います（図3-30）。また、「プロトタイプなしで会議に来てはいけない」という格言もあると言われています。

アイデアだけではなく、形があることによって分かること、検証できることがたくさんあります。どんなに粗い作りでも構わないので、必ずプロトタイプを作りましょう。

▶ 必ず立体（3次元）にする

ペーパープロトタイプの課題を出すと、絵だけを描いてくるケースがよく見られます。しかし絵を描くだけで終わりにせず、それをスマートフォ

スマートフォンアプリ
の絵を描いた場合

写真を撮る

スマートフォンに取り込み
スキットに使う

必ず 3 次元にする

図 3-31　2 次元の絵で終わらせずに、3 次元にする

ンで撮影して写真アプリに取り込み、加工・操作できる状態にすることを
お薦めしています（図 3-31）。また、スマートフォンでの使い勝手をパソ
コン上で 2 次元で表示するデジタルモックアップもよく見かけますが、ス
マートフォンで操作できる 3 次元の状態にするように伝えています。**必要
となるのは 2 次元ではなく、3 次元**だということを覚えておいてください。
なぜなら、プロトタイプの目的はアイデアを形にし、存在を検証すること
だからです。頭に思い描いたことを、現実の形あるものにできるかどうか
を試し、できた場合には、それがどのようなものになるのか体感すること
で、アイデアの良しあしを判断することができます。

▶ 高速プロトタイプだけで終わらせない

　高速プロトタイプを行い、自分たちが創りたいものが明確になったら、
さらにプロトタイプを押し進めて MVP（P138）などを行っていきましょ
う。0 から 1 を生み出し、それを精錬させていく作業を繰り返すことによっ
て、個別最適の解に近づいていきましょう。

2 シナリオボード

デザイン思考　日本式デザイン思考　システム×デザイン思考
編集思考　プロデュース思考　エンジニア思考　起業家思考

概要

　シナリオボードは演劇などで使われる手法で、良いこと悪いことを含めて、想定外の未来を想定するために使います。

目的

- 想定外を洗い出す
- 大枠の流れを把握する

手順

1. プロジェクトの登場人物を書き出す
2. 想定されるシーンを書き出す
3. ライフラインとシナリオを構成する
4. 象徴的なシーンを選ぶ

5．絵コンテにする

1. プロジェクトの登場人物を書き出す（10分）

ブレインストーミング形式で登場人物を書き出す（図 3-32）。

- プロジェクトの当事者、当事者の周囲の人（プロジェクトに直接関係ない人）
- オーディエンス（プロジェクトを周りから見ている人）
- プロジェクト顧客（顔が見える人、見えない人）、最初の顧客、最初はプロジェクトの外にいるが、後にプロジェクトに関与するメンバー、支援者
- 支援者（名前も顔も分かっている）

2. 想定されるシーンを書き出す（10分）

ブレインストーミング形式で、どんなことが起こりそうか、どんなシーンがありそうか、想定されるシーンを書き出す（図 3-33）。

図 3-32　登場人物を書き出す

3. ライフラインを書く

想定されるシーンを当てはめながら、良いことも悪いことも含めてプロジェクトの山あり谷ありをざっくりとグラフのように線で描く（図3-34）。シーンを時系列に、起承転結、序破急などの構成を当てはめながら、シナリオを構成していく。

図 3-33　想定されるシーンを書き出す

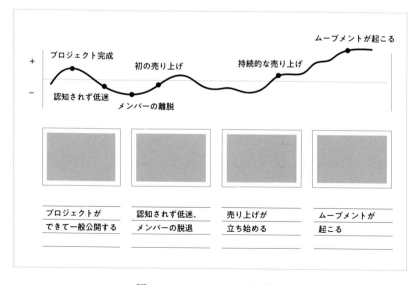

図 3-34　ライフラインを書く

4.　最も象徴的なシーンを選ぶ

起承転結、序破急などの構成の中で、最も象徴的なシーンを選択する。選んだシーンの 5W1H を書き出す。

5.　シナリオに当てた絵を添える

象徴的なシーンに絵を当て、絵コンテにしてみる。絵を描いてもいいし、インターネット検索で写真などを見つけてはめ込んでも構わない。

ポイント

▶ 想定外を知ることで、リスクマネジメントする

　プロジェクトの最初に、シナリオボードをプロトタイプとして実施しておくと、想定外の事象に対してのシミュレーションを検討できるため、プロジェクトの頓挫を防ぐことができます。また、登場人物ごとにさまざまなシーンを書き出すことで、重要なステークホルダー（利害関係者）を把握できる効果もあります。シナリオボードの実施は、スムーズにプロジェクトを進めるためのリスクマネジメントとして効果的です。

4 選抜（Selection）

1 投票

デザイン思考 日本式デザイン思考 システム×デザイン思考
編集思考　プロデュース思考　エンジニア思考　起業家思考

概要

　投票の目的は参加者が主観的に感じているアイデアに対する価値を明確にすることと、強いアイデアを絞り込んでいくことです。

　何票でも投票できる★投票、全体の1割ほどに絞り込む○投票、1票だけ投票できる◎投票と、段階的に絞り込んでいくことで、最終的に強いアイデアとなり得る可能性が高そうなものが浮かび上がってきます。

目的

- 参加者の主観的評価による価値の見える化
- 絞り込み

手順

[★投票]

アイデアに★マークを使って投票する。1人何票でも投票できるが、同じアイデアに同じ人が2票投票することはできない。

[○投票]

アイデアに○マークを使って投票する。もしアイデアが30個出ているならば、その1割にあたる3個を投票できる。同じアイデアに同じ人が2票投票することはできない。

[◎投票]

アイデアに◎マークを使って投票する。1人1票だけ投票できる。

▶ 投票は多数決ではない

クリエイティブ思考では、投票の捉え方が一般と少し違うかもしれません。投票はあくまで可能性の可視化、その時の人気の可視化であり、一般的な投票のように「数が多いからそれに決める」というものではありません。基本的には、得票の理由を議論し、その上で確からしいものが仮決定されていきます。

2 インタビューする

デザイン思考　日本式デザイン思考　システム×デザイン思考
編集思考　プロデュース思考　エンジニア思考　起業家思考

概要

ここでは、新しい商品開発や事業計画を作成するための目的で実施する

インタビューを取り上げます。特にクリエイティブ思考の選抜プロセスにおいて、どのようにインタビューすべきかという点で解説します。

目的

- 考えているアイデアが市場に受け入れられるかのニーズを確認する
- 相手が抱えている課題の本質についてヒアリングする

手順

1. 検討しているアイデアのプロトタイプを準備する
2. インタビュー候補者を選定する
3. インタビュー項目を練る
4. インタビューを実施する
5. インタビュー結果を元に仮説を検証する

ポイント

▶ プロトタイプは必ず用意する

インタビューを実施する時には、プロトタイプ、または「仮説」を用意しておくようにします。プロトタイプの作り方は、「高速プロトタイプ」（P122）を参照ください。プロトタイプや仮説がないとインタビューをする意味がありません。検証したい仮説は必ず設定しましょう。

▶ インタビューは準備が9割

インタビューは相手に時間を取ってもらい、実施するものです。時間を無駄にしないために、「何を聞くのか」を明確にして質問項目を考えます。目安として準備に9割の時間をかけるくらいの意気込みで臨みましょう。

最初のうちは「何を質問すればいいのか分からない」と、手が止まってしまうことがあります。そんな時には、ブレインストーミングと親和図を使い、質問項目を出してみてください。ブレインストーミングで自由に質問項目を出し、親和図で似ているものをまとめて分類するとよいでしょう。

一人で質問項目を考えることができたとしても、「この質問項目で正しくインタビューできるか」という判断が難しいので、事前に複数人でレビューを入れたり、誰かに協力を仰いでテストしてみることをお薦めします。

▶ 質問項目は多くとも 10 個を目安に

1 時間のインタビュー枠に対して、質問項目は多くても 10 個あればよいでしょう。話している中でさらに深掘りしたくなったら、用意してきた質問項目を消化するよりも、深掘りしたい内容を掘り下げることを優先しましょう。**用意してきた質問を全部聞くよりも、仮説を検証できたかどうかが大切です。**

▶ ラポールを形成する

インタビューの導入フェーズで相手とのラポール（信頼関係）を築けるかは、とても大切です。そのため、導入でいきなり本題から入るのはやめましょう。まずは、インタビューに応じてくれたことへの感謝、自分の自己紹介、インタビューの背景などをきちんと相手に説明します。相手が自分に対して警戒感を感じてしまうと、話が深掘りしにくくなります。

▶ 聞き手の主観を入れないで質問する

「ベビーカーでの移動が大変なのではないか？」という仮説に対して「ベビーカーで階段を上がる時は大変ですよね？」と質問するのは、次の 2 つの観点から NG です。まず、ベビーカーでの移動が大変な事象として「階

段」に状況を限定しています。また、「大変ですよね?」と聞き手の主観を入れたことで、相手は「大変」な状況を想起しやすくなってしまいます。

この仮説の場合には、「ベビーカーで移動する時に気をつけていることは何でしょうか?」といった形で質問する方が良い質問項目となります。

▶ 沈黙を恐れず、回答を誘導しない

質問した後に相手が考えていると、沈黙が続くことがあります。その時、相手に「こういった……なことはありませんか?」などの誘い水を渡さないようにしましょう。回答を誘導することになります。相手が思い出してくれている大切な時間なので、沈黙を恐れず、しばし待つようにクセをつけましょう。

> **TIPS　録音は注意深く、用心深く**
>
> 相手の表情を伺いながらメモを取りタイミングよく質問するのは難しいので、慣れるまで、インタビューは2人で実施するのがお薦めです。最近はオンラインによるインタビュー形態も増えてきています。リアルかオンラインか、いずれにしてもインタビュー内容を録音する時には、事前に相手に断った上で行いましょう。
>
> ちなみに、私はインタビューの際には万が一、録音できなかった場合の事故（電池切れなど）を想定して、スマートフォンとICレコーダーの2台体制で臨みます。

✎ ワーク

仮説「ベビーカーを使って移動するお母さんは、入れるお店が限られているから困っている」を検証したい時に、どんな質問項目を準備しますか?

5　精錬（Refinement）

1　構造シフト発想法

デザイン思考　日本式デザイン思考　システム×デザイン思考
編集思考　プロデュース思考　エンジニア思考　起業家思考

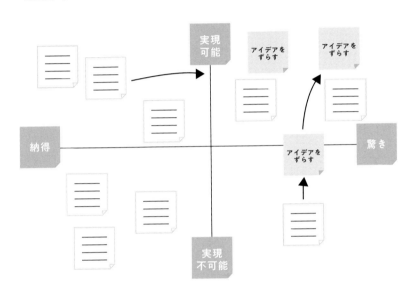

概要

　構造シフト発想法は慶應義塾大学大学院システムデザイン・マネジメント研究科で開発された発想技法で、親和図法でグルーピングした後にアイデアを掛け合わせる方法と、二軸図でアイデアを整理した後にアイデアをずらしていく方法があります。今回は二軸図を使った方法をご紹介します。

目的

- コンテンツの価値理解
- コンテンツの改良

手順

1．ブレインストーミングを行う

2．二軸図で整理する

3．時間を設定する

4．アイデアをずらしてブラッシュアップする

▶ **お薦めの軸は「普通─驚き」「実現可能─実現不可能」**

　実現可能かどうか、そして、驚きがあるかどうかはアイデアを選択する上で重要な指針になります。この2つの軸を使うことで強いアイデアをあぶり出すことができます。

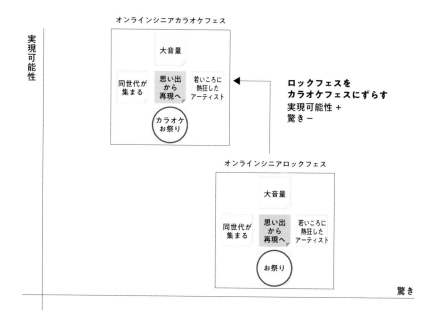

図 3-35　ずらして改善する

▶ ずらして改善する

コンテンツの要素を組み替えてアイデアを良くしていきます。基本的には今ある場所より右か上に持っていきたいので、どの部分を変えれば実現性が高まるのか、そして、どの部分を変えれば驚きが高まるのかを考え、アイデアを精錬させていきましょう（図3-35）。

精錬とは

精錬とは「鉱石から金属を抽出し、純度の高いものにすること」（新明解国語辞典より）。中でも「純度を高める」が大切です。アイデアをもっと良くするためには、アイデアを叩き、実現性がないなどの課題をあぶり出して改善しながら、純度を高めていく必要があります。

実現に近づけば近づくほど、アイデアの精度と強度が問われます。そこで役立つのが精錬の技術です。「アイデアを叩く」ための方法として、本書では、構造シフト発想法、MVP、ファンクショナルリサーチ、インタラクションデザイン、デザインモックアップ、デモンストレーションを紹介しています。

刀鍛冶では鋼を高温で何度も叩き、精度と強度を上げて刀を作り上げていきます。アイデアも同様。叩くことでその純度を高めてください。

2 | MVP（体験価値検証）

デザイン思考　日本式デザイン思考　システム×デザイン思考
編集思考　プロデュース思考　エンジニア思考　**起業家思考**

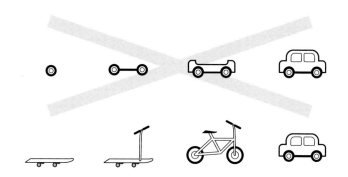

概要

　ミニマムバイアブルプロダクト（MVP：Minimum Viable Product）は
『リーン・スタートアップ』（日経 BP）でエリック・リース氏が提唱して
いるプロトタイプの手法です。アメリカのスタートアップでは、アイデア
と共に MVP を持って投資家を説得するのが主流です。高速プロトタイプ
で作ったアイデアを選抜し、価値を体験できるプロトタイプを作ります。
体験に必要な最小限の機能を作ってみることで価値検証を行います。

目的

- 存在検証
- 体験価値検証
- プロトタイプを使い、価格の検証などを行う

手順

1. 最小限の機能を持ったプロトタイプを作る
2. プロトタイプを使い、価格の検証などを行う

ポイント

▶ **価値を体感できるプロトタイプ**

例えば、自動車を作ろうと思ったら、タイヤを作り、筐体を作って自動
車を完成させるのではなく、「歩くよりも早くて楽」という体験価値を提
供するために、スケートボードを作り、キックボードを作り、自転車を作
り、バイクを作り、自動車を作る——というように、本質的な価値を最低
限実現するものを作り確認しながら、最終的に目指すものに近づけていき
ます。

3 ファンクショナルリサーチ

デザイン思考　日本式デザイン思考　システム×デザイン思考
編集思考　プロデュース思考　**エンジニア思考**　起業家思考

概要

コンテンツ（P118）の大もとにある機能が実現可能なのかどうか、機
能ごとに切り分けてそれぞれリサーチし、テストしていくプロトタイプの

手法です。

目的

- 機材、技術などを検証し絞り込む

手順

1. 機能を切り出す
2. 機能を実現できる技術をリサーチする
3. 機能が実現できるかテストする

ポイント

▶ ファンクショナルリサーチで初めて分かる、できること、できないこと

　予測していたことと実際にやってみることは違います。欲しい機能を洗い出し、それを実現する技術や機材などで試してみることで、本当は簡単なのにできないと思い込んでいたことや、逆に簡単そうだと思っていたのに実は難しいことに気付くことができます。ファンクショナルリサーチは、情報収集を通した技術検証でもあり、実際に制作する時に参照できる情報源にもなります。

4 インタラクションデザイン

デザイン思考　日本式デザイン思考　システム×デザイン思考
編集思考　プロデュース思考　エンジニア思考　起業家思考

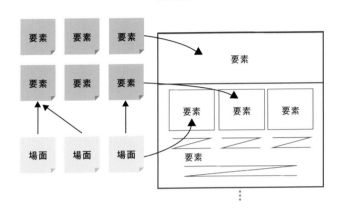

概要

　ユーザーの動き、サービスの動きを設計して、ユーザーとサービスの間のやりとり（インタラクション）を明確にするためのプロトタイプです。ペーパープロトタイプをもっと詳細まで作り込んだものだと考えてください。ユーザーがどんな動きをするのかを設計するフローチャート、どんな場面で何をするのかをマップ化したサイトマップ、そして、どんな機能がその場面で搭載されるかを詳細まで決めたワイヤーフレームを組み合わせて文書としてまとめます。

目的

- ユーザーの動きの設計
- サービスの動きの設計
- 要素の確定

手順

1．どんな要素があるか書き出す
2．どんな場面があるか書き出しサイトマップを作る
3．ユーザーがどんな流れで動くかのフローチャートを作る
4．サイトマップの詳細をワイヤーフレームで書く

ポイント

▶ **要素と場面で作るサイトマップ**

　本で言うところの目次案がウェブサイトではサイトマップになります。
どの場面でどの情報にユーザーが出会うのかを設計します（図3-36）。

▶ **人の動きの流れをデザインするフローチャート**

　ユーザーがどの場面からどの場面に動き、どんな行動をしてほしいのか

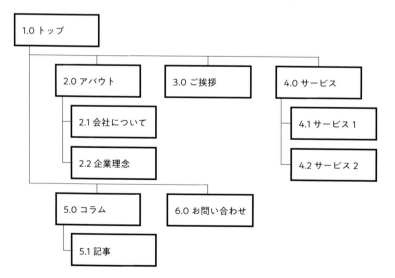

図 3-36　サイトマップを作る

をサイトマップの要素を使いながらフローチャートをデザインします（図3-37）。動きを想定することで、要素の抜け漏れも確認でき、目的通り相手が動いてくれるように工夫を入れ込むこともできます。

▶ 詳細を作り込んでいくワイヤーフレーム

要素を網羅し、動きをデザインしたら詳細を作り込んでいきます。ここでもユーザーの動きを想定しながら、どこでどの順番でどの情報に触れるのかを意識しながら作り込んでいきます（図3-38）。

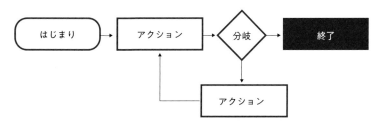

図 3-37　フローチャートを作る

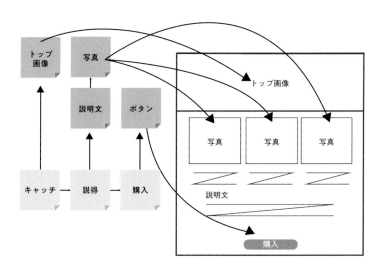

図 3-38　ワイヤーフレームを書く

デザインモックアップ

デザイン思考　日本式デザイン思考　システム×デザイン思考

編集思考　プロデュース思考　エンジニア思考　起業家思考

概要

　機能を盛り込むことを意識して、ビジュアルデザインのプロトタイプを作ります。ウェブサービスだったらトップページ、プロダクトだったら外装と、まずは主要な部分のモックアップを作ります。その後、インタラクションデザインを盛り込みながら詳細を作っていきます。

目的

- ビジュアルの選定

手順

1. ウェブサービスならばトップページ、主要部分をデザインパーソナリティを参考にデザインする

2．インタラクションデザインの結果をデザインに落とし込んでいく

▶ デザインパーソナリティを反映したデザイン

サービスやプロダクトを人格化するデザインパーソナリティがあれば、見た目やスタイルを確定することができます。例えば、無印良品は無印良品らしいデザインをしています。ユニクロのデザインは、無印良品とはまた別の表現をしています。この違いをブランドの性格、パーソナリティの違いとして捉えると、デザインの人格が見えてきます。パーソナリティを踏まえた上で、「どんな声で話しそうか」がフォントになり、「どんな佇まいか」が外装に反映され、「何を見ているのか」が写真などのビジュアルに反映されていきます。

6 デモンストレーション

`デザイン思考` 日本式デザイン思考　システム×デザイン思考
編集思考　プロデュース思考　`エンジニア思考`　起業家思考

Landing Page　　　　Video　　　　Book

概要

サービスや製品のデモ映像、ランディングページやチラシなどをプロト

タイプとして作ります。デモ映像であれば、機能が開発途中であっても完成した時にどんな動きをしてほしいのかを表すことができます。また、ランディングページやチラシも、完成前でも完成型をイメージしながら作ることができます。

目的
- 価値を検証する
- 価値を説明する

手順
[デモンストレーションビデオの場合]

1. 見せたい要素の洗い出し
2. ストーリーを作る
3. ストーリーボードを作成する
4. 静止画をデザインする
5. ビジュアルモックアップと人物の演技を撮影する
6. 編集する

[ランディングページの場合]

1. 見せたい要素の洗い出し
2. ワイヤーフレームを書く
3. トップ画像をデザインする
4. 各要素の詳細を書く
5. Web ページにレイアウトする

▶ デモンストレーション映像により"つくらずにつくる"

デモンストレーション映像は機能の完全性を求めないため、実際のモノやサービスを実装するより短い期間で制作でき、かつ、説明が容易になります。作る前に映像によりどんな形が理想なのかを共有することで共感を得ることが可能な上、価値の検証も行えます。

▶ ストーリーボードを作る意義

スマートフォンなどの普及により、映像撮影も編集も簡単にできるようになりました。そこでよく起こるのが撮影してからストーリーを考え始めるという現象です。これをやり始めると編集に時間がかかる上に、必要な映像が撮り切れず、撮影をもう一度やらなくてはいけなくなってしまいます。まず、場面要素を書き出し、時系列で並べたストーリーボードを作ってから撮影することで、抜け漏れなくスムーズに撮影・編集が行えます（図3-39）。

図 3-39　ストーリーボードを作ってから撮影する

▶ ランディングページを作り、サービスの説明要素を固める

　インターネットを使ったビジネスの多くは、ランディングページから購入につなげます。ユーザーは全ての機能を試したり、モノを見たりすることなく、ランディングページで判断して購入することが多くなってきたということです。

　つまり、ランディングページを作れば、実際の製品を作らなくても、購入するかどうかを判断してもらうこともできます。ウェブサイトを作る知識がなくても、トップ画像さえあれば無料でランディングページを作ることができる Ameba Ownd などの Web サービスがあるので活用してみましょう（図 3-40）。

SCS

Social Innovation
with Wellbeing study & Creativity

Social Creator's School

ソーシャルクリエイターズ・
スクール

誰もがクリエイティブに
なれる学校

開催日時
11月30日 (月) 19:30-22:30
12月 9日 (水) 19:30-22:30
12月21日 (月) 19:30-22:30
12月28日 (月) 19:30-22:30
1月11日 (月) 13:00-18:00
1月25日 (月) 19:30-22:30
2月 1日 (月) 19:30-22:30
2月15日 (月) 19:30-22:30
3月 1日 (月) 19:30-22:30
3月15日 (月) 19:30-22:30

ソーシャルクリエイターズスクールについて 〜誰もがクリエイティブになれる学校〜

Social Creator's School

AIやテクノロジーの発達により、仕事の概念に変革が起き、これからの仕事には「創造性」と「コミュニケーション」能力が必要になってくると言われています。さらに、私たちは人間の「意志」にも着目し、「創造性」「コミュニケーション」「意志」の3つの視点で自身を磨く「誰もがクリエイティブになれる学校」を設立することにしました。

近年、「事業の目的は幸せな社会をつくること」という表現を大企業のトップが次々と使い出しています。例えば、世界経済フォーラム創設者であるクラウス・シュワブ会長は、来年のダボス会議のテーマを「グレート・リセット」と表現し「人々の幸福を中心とした経済に考え直すべき」とインタビューで応えています（日経新聞2020年6月3日より）。また、日本においても、JALの再生を贈り負い、同社の企業理念に「全社員の物心両面を追求」を採用した京セラ・第二電電（現KDDI）創業者の稲盛和夫氏をはじめ、トヨタ自動車の豊田章男社長も「トヨタの使命は「幸せ」を量産すること」と発言しています。

ソーシャルクリエイターズ・スクールでは、「イノベーターの条件は幸せの条件と一致する」という前野隆司教授の知見を元に、社会課題をテーマに、授業を聞くだけでなく、手を動かし実践する「プロジェクト・ベースド・ラーニング」を展開します。その過程で、受講生達の中に眠るクリエイティビティを開花させ、世界を変えてしまうことができる人材の育成を目指しています。

Cause
意思

Causeは「原因」とも訳されますが、ここで表現したい意味は「意志」です。「意志」とは「自分の中にある自分自身を突き動かす想い」です。アイデア形にするときに「自分を突き動かす熱い想いがないと、アイデアをカタチにすることは難しくなります。また、自分のアイデアを実現させるためには周囲の協力は不可欠です。周囲を巻き込む力の原動力友成得るのが、Causeです。

Creativity
創造性

Adobeの実施した創造性に関する調査に夜と、日本人の高校生92%が「自分がクリエイティブではない」と回答しています。しかし、本当でしょうか？　周囲を見回してください。ご自身のお子さんは、大人の発想を飛び越えることをしていないでしょうか？　ご自身も子どもの頃は同じだったはず。日本人に創造性がないと考えるのは誤りです。内面に眠っている創造性をもう一度、呼び覚ますことはできます！

Communication
コミュニケーション

0→1でモノを生み出す際に必要とされるものとして、外せないのがコミュニケーションです。コミュニケーションとは「人と人を繋ぐときに必要なもの」を指します。例えば「会話」や「文章」、ほかにも、ノンバーバルコミュニケーションである「アイコンタクト」などもあります。いずれも、特に「伝え方」が重要です。どんなに熱い想いを持って話しても、自分の意図が伝わらないことがあります。イノベーションの実現に向けて仲間が欲しいとき、エンジェル投資家にプレゼンテーションをするとき、相手に伝わる伝え方を学びます。

図 3-40　ランディングページ例

6 伝達（Communication）

1 2×2欲求マトリックス

デザイン思考　日本式デザイン思考　システム×デザイン思考
編集思考　プロデュース思考　エンジニア思考　起業家思考

		欲求の対象（相手）	
		利己（自分）	利他（他人）
欲求の主体	自力	第1象限　（自力×利己）	第3象限　（自力×利他）
	他力	第2象限　（他力×利己）	第4象限　（他力×利他）

概要

　2×2欲求マトリックスは、利己ならびに利他的欲求の二軸で欲求を可視化し、分析するツールです。このツールを用いることで、網羅的に欲求を分析できます。欲求は左上から、第1象限「自力×利己（私は私を望む状態にしたい）」、第2象限「他力×利己（他者に私を望む状態にしてほしい）」、第3象限「自力×利他（私は他者を望む状態にしたい）」、第4象限「他力×利他（他者に、他者の望む状態にしてほしい）」となります。

目的

- 相手の欲求を可視化する
- 相手の欲求を分析する

手順

[可視化する場合]

1．欲求を可視化したい相手の状況を特定する

2．4象限のどこに相手の欲求が合致するかを検討する

[分析する場合]

1．欲求を分析したい相手の状況を特定する

2．4象限の条件に合致する欲求を強制発想する

3．特定している状況下でどの欲求が1番強いかを分析・検討する

ポイント

▶ 欲求を変化させてみる

「欲求には4つのパターンがあること」に最初は戸惑うものです。そこで、最初は動詞で終わる文章を1つ選んで、その欲求を変化させる練習をして

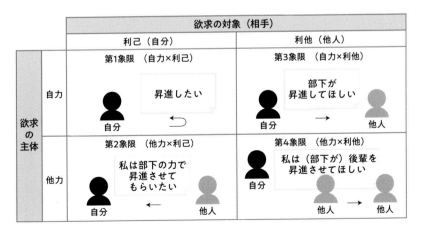

図3-41 「昇進したい」を変化させる

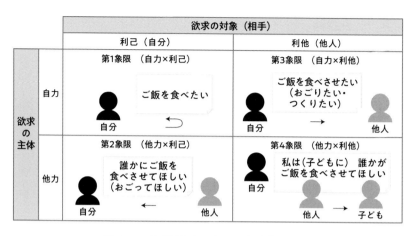

図3-42 「ご飯を食べたい」を変化させる

みてください。例えば、第1象限の「昇進したい」「ご飯を食べたい」を変化させてみましょう（図3-41、図3-42）。

特に意識しないと出てこないのが、第4象限です。「他者から他者に欲求を充足させて欲しい、第三者がいる状況」をイメージすると考えやすくなります。

▶ 相手の欲求が分かると伝達がスムーズになる

「欲求を分析できたとして、何のメリットがあるのか？」と思われるかも知れません。しかし、「伝達」、つまりコミュニケーションを円滑にしたり、相手に自分の意図をズレずに伝えたりするためには、この欲求を把握できていることが重要です。

欲求を満たせる言葉を相手に渡したり、相手の欲求を理解してそれを支援するように自分が動くことで、ラポール（信頼関係）を築きやすくなります。ほかにも、相手に強く訴求できるキャッチコピーをつくる際にも、この欲求分析は有効です。

2 カスタマージャーニーマップ

デザイン思考 日本式デザイン思考　システム×デザイン思考

編集思考 プロデュース思考　エンジニア思考　起業家思考

フェーズ			

タッチポイント

行動

思考

感情 　+

　−

インサイト

概要

　カスタマージャーニーマップは、新規事業として新たなサービスや製品を考える「サービスデザイン」と呼ばれる分野から登場してきたフレームワークで、サービスを使用する顧客目線になって、サービスの使い勝手を可視化し、顧客の思考や感情について検討できます。

　カスタマージャーニーマップを構成する要素には、フェーズ、行動、思考、感情のほか、サービスを利用するタッチポイント（接触機会）や、インサイトなどがあります。

　図3-43に新しいウェアラブル・ウォッチを購入するユーザーの例を示します。

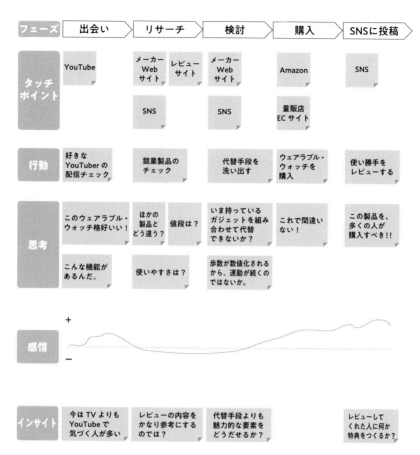

図 3-43　新しいウェアラブル・ウォッチを購入するユーザーの例

フェーズ

状況設定に基づく、時系列の流れを記入する

タッチポイント

ユーザーが商品・サービスを使う場所

行動

フェーズごとに読者が取る行動を洗い出し、記入する

思考

その行動を取った時に、頭の中で考えていることを記入する

感情

行動に伴って発生している感情、0を起点に＋と－の揺れ幅を波線で記入する

インサイト

ワークの過程を通して、自分の中で浮かび上がった気付きを記入する

目的

- サービスや商品のターゲットとなる顧客について理解する
- インサイトから課題を見つける

手順：

1. 顧客が使用するフェーズを設定する
2. フェーズごとの「タッチポイント」を書き出す
3. 「行動」および「思考」をブレインストーミングで洗い出す
4. 「感情」を予測して記入する
5. インサイトを記入する

> ポイント

▶ フェーズの設定が難しい時は時系列で

企画する商品・サービスを使用する顧客のフェーズを設定します。利用を想定している状況でフェーズの設定が難しい場合は、「朝」「昼」「夜」「就寝前」など時系列で設定してみるとよいでしょう。

▶ 顧客目線で「タッチポイント」を書き出す

タッチポイントとは、サービスに触れる場所です。使用する場所や目にする場所などを記入していきます。顧客の目線に立ちながら、どこで企画する商品・サービスが使われるのかを記入します。

▶ 強制発想で「行動」および「思考」を洗い出す

顧客及び、商品・サービスを使う「状況」が固定されると、顧客が置かれた状況ごとに「行動」と「思考」を発想できるようになります。なお、ブレインストーミングは自由に発想する手法ですが、状況を固定するなど一部条件を付けた形でアイディエーションすることを強制発想法と呼びます。

▶ インサイトから課題を見つける

インサイトを見つけると共に、顧客が抱えている課題を検討します。課題とは、理想と現実の間にあるギャップのことです。このギャップには「マイナスを解消したい困っていること」（PAIN）と、「よりプラスになるもの」（GAIN）の２つがあります。いずれも解決してあげると、顧客の生活の質が上がることになり、商品・サービスを検討する際のヒントになります。

カスタマージャーニーマップの作成は、自分一人だけでもできますが、より多くのメンバーで実施した方が発想しやすくなります。また、検討する顧客が異性の場合には、対象となる異性に入ってもらうと、よりアウトプットの質が高くなります。

CREATIVE

レッスン
Lesson 4

クリエイティビティを
日々の仕事で活かす

主筆：上野郁江　副筆：芝哲也

1. 日常にビジネス創造力を活かす ディレクションスキル

Directional skills to apply business creativity in daily life

レッスン4ではビジネス現場での具体的な活用方法を紹介します。はじめに、事前知識としてディレクションスキルと、ディレクションの基本パターン（スパイラル）について説明します。

ディレクションスキルとは、自分のスタート地点を確認し、目的地（やりたいこと）に向けて方向性を確認し、目的地までの道筋を考えることです。道筋とは、具体的には、最終的に形にするアプトプットは何か（企画書なのか、事業計画書なのか、新しいビジネスなのか様々）を明確にし、このアウトプットを得るためにはどんなプロセスが必要なのかを設計し、使用する手法や組み合わせるテンプレートを選択します。

ポイントとなるのは、目的地の設定と目的地に到達するまでのプロセス

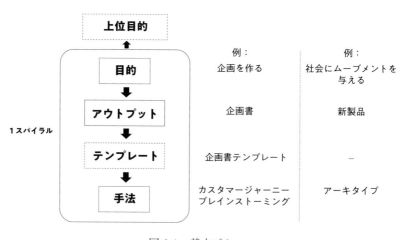

図 4-1　基本パターン

設計です。このプロセス設計は、目的によって工程を検討します。図 4-1 に、クリエイティブ思考に基づくディレクション（クリエイティブ・ディレクション）の基本パターンを示します。

　例えば、企画を立てたい場合は「企画を作る」が目的になり、アウトプットの形として求められるものは「企画書」です。次にアウトプットに合わせたテンプレートを検討し、「企画書テンプレート」を用いることとしました。既存のテンプレートやフレームワークがある場合は、それらを採用するとよいでしょう。最後に、形（ここでは企画書）を作るための手法を検討します。ここでは、カスタマージャーニーマップとブレインストーミングを手法として選択しました。

　一方で、目的が「誰かに影響を与える」「社会にムーブメントを与える」といった人々の心を揺さぶる要素が入る場合には、論理的に考えるとムダだけど、クリエイティブに考えると必要なプロセスを検討する必要があります。例えば「心を揺さぶるにはどうすべきか」を考え、心を揺さぶるものを生み出すために手法としてアーキタイプを採用し、プロセスに組み込

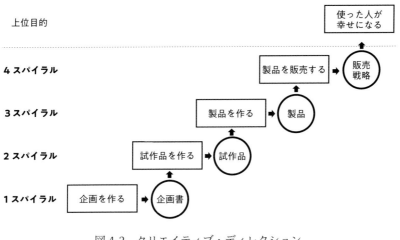

図 4-2　クリエイティブ・ディレクション

む必要があると考えます。

　なお、このディレクションは、最初に設定した目的が最終的なゴールの場合もあれば、その先にまだ上位の目的があることもあります。例えば、新規事業で製品を作っている場合、「企画を作る」の先には「試作品を作る」「製品を作る」「製品を販売する」といった目的があり、試作品、製品、販売戦略などが各スパイラルのアウトプットになります。またさらに、そのもっと上には、「使った人が幸せになる」という上位目的もあります（図4-2）。

　それぞれを、フェーズに分け、アプトプットを出すことを目指してスパイラルを回していけば、複雑な仕事もこなしていくことができるようになるのです。この複数のスパイラルによるクリエイティブ・ディレクションについての詳細は、レッスン5で解説します。

　レッスン4では日常業務での活用法として、クリエイティブ・ディレクションの基本パターンで対応できるものを紹介していきます。

2. 日常業務に活用する

Try using it yourself: personal practice

1 | ToDo リストをつくるには

フレームワーク：二軸図　**手法**：ブレインストーミング

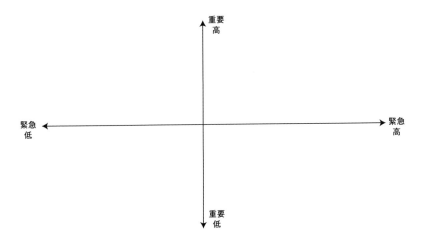

　ToDo リストとは「やることリスト」のことです。文房具や Web サービスなど、ToDo リストをつくるためのさまざまなサービスが存在しますが、「うまく使いこなせていない」という方は、ぜひ、ブレインストーミングと二軸図を組み合わせてみてください。

手順

1．ブレインストーミングで ToDo を出し切る
2．二軸図で ToDo を整理する

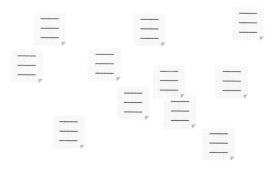

図 4-3　ブレインストーミングで ToDo を出す

▶ ブレインストーミングで ToDo を出し切る

　ブレインストーミングは、「自分の頭の中にあることを出し切る」ことにも活用できます。「やらなきゃいけないこと？」「溜まっている仕事は？」と自分に問いかけて、思いついたものを付せんに書いて出し切ります。「本当に今やる必要ある？」といった疑問を排除して、黙々と出し切るようにしましょう（図 4-3）。

▶ 二軸図で ToDo を整理する

　出し切った ToDo を「重要度高い－低い」×「緊急度高い－低い」の二軸図で整理します（図 4-4）。この二軸図で整理すると、重要度や緊急度の高さを ToDo ごとに判断して並び替えができるので、視覚的に重要度、緊急度を認知できます。

　優先順位は、①「重要度高い×緊急度高い」＞②「重要度低い×緊急度高い」＞③「重要度高い×緊急度低い」＞④「重要度低い×緊急度低い」です。並べ替えたことで、②や③の象限で枠で囲った案件などは、「重要度が低いから部下に任せよう」「重要度は高いが緊急度は低いのでこれも部下に任せられる」など検討できるようになります。

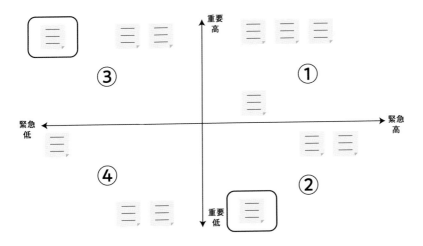

図 4-4　二軸図で優先順位を整理する

▶ Web 上で ToDo を整理する

　Asana や Trello などのプロジェクト管理ツールで ToDo を管理したい場合には、ブレインストーミングで ToDo を出した後に、図 4-5 のように

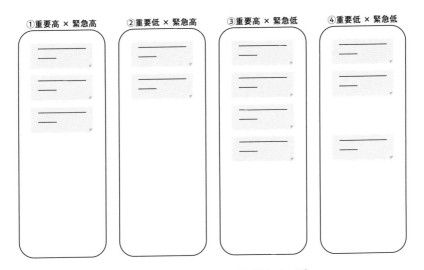

図 4-5　Web での ToDo 整理法（一例）

各レーンを象限（①「重要度高い×緊急度高い」、②「重要度低い×緊急度高い」、③「重要度高い×緊急度低い」、④「重要度低い×緊急度低い」）ごとに分ければ、優先順位付けできます。

細かい重要度の低さなどを視覚的に確認しづらい点は、色で分ける、置く順番にルールを設けるなどで工夫するとよいでしょう。

２ 企画書を作るには

企画作成には、課題発見と企画立案のフェーズがあります。ブレインストーミングとフレームワークを活用して検討を進めることで、精度の高い企画案を無理なくアウトプットできます。それぞれ、今まで学んできた手法をどのように使うのかを説明していきます。

課題発見

課題発見フェーズでは、企画するサービスの対象となる顧客を、レッスン３で紹介した「カスタマージャーニーマップ」を用いて分析してください。得られたインサイトから課題や仮説を発見することが、企画作成のヒントとなります。また、課題発見に向けて日々、情報収集をしておくと、より幅広い視野で企画を検討することができます。情報収集方法についてはレッスン３「リサーチ」（P68）を参照ください。

企画立案

フレームワーク：企画書テンプレート　**手法**：ブレインストーミング

タイトル	
企画背景	
目的	
内容	
その他	

手順

1．企画書の項目を確認する
2．記入できない項目を確認し、他の手法を実施する

▶ 企画書の項目を確認する

カスタマージャーニーマップを用いて課題を見つけたら、その課題を解決するためのソリューションを検討し、企画書にまとめます。

▶ 記入できない項目を確認し、他の手法を実施する

ソリューションがすぐに浮かばない場合は、ブレインストーミングや、親和図、投票を用いてソリューションのアイデアを出します。手法と対応する項目を図4-6に示します。

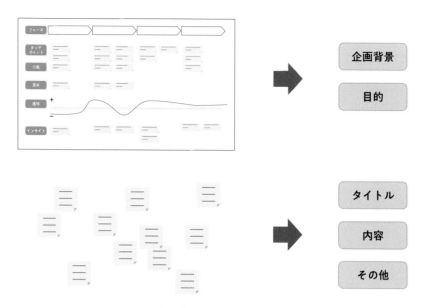

図4-6　企画書の項目に対応する各手法

　先に実施したカスタマージャーニーマップによって、顧客の思考、感情、行動などが情報として頭にインプットされているため、その情報を取り入れながらアイディエーションを実施できます。

3. 思考を整理してアウトプットの質を上げる

Organize your thoughts to improve the quality of your output

1 苦手な上司への対応を考える

フレームワーク：共感マップ　**手法**：ブレインストーミング

SAY	THINK
DO	FEEL

　苦手な上司や顧客へ報告・対応しなければならない状況はどうしてもあるもの。共感マップを使って相手の思考と感情を予測して、対策を立てましょう。共感マップは米IDEO社が開発した情報整理のためのツールです。分析したい相手を観察して、以下の項目を書き留めます。

SAY（話したこと）：相手は普段何を話しているか、どんな言葉を使っているのか

DO（行動したこと）：相手はどういった行動をとっているか

THINK（考え方）：相手が何を考えているのか、どんな価値観を持っているのか

FEEL（感じ方）：相手がどういった感情を抱くのか、感じ取っているのか

手順

1．共感マップをもとに相手を観察する
2．相手の「考え方」や「感じ方」を予測する
3．考え方と感じ方を踏まえて対応を検討する

▶ 共感マップをもとに相手を観察する

SAY と DO は、実際に観察すればメモできる内容です。相手が話している内容や、普段の口癖などを書き留めます。また、行動も書き留めます。メモする際のポイントは、その行動をとったのが朝なのか夜なのか、状況はどういったものだったのかも一緒にメモをしておくと、後で考え方や感じ方を予測しやすくなります。

▶ 相手の「考え方」や「感じ方」を予測する

メモした内容をもとに、相手の「考え方」と「感じ方」を予測します。予測する時には、アイディエーションの基本である発散と収束を活用します。ブレインストーミングで相手の「考え方」「感じ方」をひと通り出してから（発散）、可能性のあるものを選択しながら予測します（収束）。

例えば、目上の人と話す場合と目下の人と話す場合に、口調や態度が変わるなどの行動からは、「相手によって態度を変えることを良しとする」考え方を持つタイプであることが予測できます。他にも、感情と癖がリンクしていることがよくあります。

分かりやすい例だと、足を上下に動かす「貧乏ゆすり」や「頬杖をつく」が「イライラ」の感情とリンクしていることもあります。逆に、機嫌が良い時の癖や表情もあるので、観察してメモしておくとよいでしょう。

▶ 考え方と感じ方を踏まえて対応を検討する

相手の好む考え方をベースにして、相手との対応を検討します。上司が「端的な報告を好む」考え方を持っていると分かったのであれば、相手に合わせて結論を先にした報告内容を作ります。「部下はどう考えるか」を重視する傾向がある上司には、報告する事実以外にも自分の主観を添えて報告すればよいでしょう。

2 | 伝わるビジネス文書の作成

フレームワーク：文章の目的シート　**手法**：ブレインストーミング

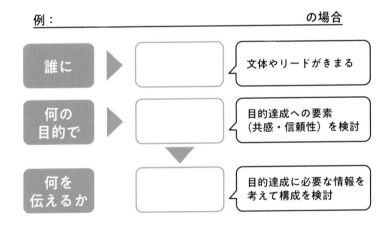

例：＿＿＿＿＿＿＿＿＿＿＿＿＿＿＿の場合

誰に	→		文体やリードがきまる
何の目的で	→		目的達成への要素（共感・信頼性）を検討
何を伝えるか			目的達成に必要な情報を考えて構成を検討

文章を書く時に「何を書けばよいか分からない」「どう表現すれば分かりやすくなるかがわからない」と感じた経験はありませんか？　文章には目的があり、目的を含めて次の3項目を明確にするだけで、これらの悩みを解消し「相手に伝わる」文章を書けるようになります。

- 誰に
- 何の目的で

※ 何を伝えるか

　自分がこれから書く文書ごとに「誰に」「何の目的で」「何を伝えるか」の３つの視点で整理すれば、書くべき内容が明確になり、相手に伝わりやすい表現の選択ができるようになります。

手順

1．文章の種類を明確にする
2．「誰に」を明確にする
3．「何の目的で」を明確にする
4．「何を伝えるか」を明確にする

▶ 文章の種類を明確にする

　議事録なのか、報告書なのか、日報なのか。ビジネス以外でも、Facebook や Twitter への投稿なども、別の種類と考えます。文書ごとに、以下の手順を進めます。

▶「誰に」を明確にする

　「誰に」を明確にすると、おのずと使うべき文体が決まってきます。ビジネス文書においては、である調以外に使われることはまずないと思われますが、Facebook やメールマガジンなどを書く場合には、対象によって、ですます調とである調のいずれかを選択します。文体については、読み手が小学生だった場合を考えると１番分かりやすいでしょう。子ども向けには、やさしい印象を与えるためにですます調を選択する傾向があります。
　そのほか、文体以外にも、リードと呼ばれる文章の導入部分での話題も、相手が興味を持つ内容を検討します。

▶「何の目的で」を明確にする

　目的は「文章を読んでもらった相手にどうなってほしいか？」という視点で考えて検討します。例えば、集客目的でイベントの概要を告知する文章を書くのであれば、文章の目的は「イベントに来てもらうこと」です。その目的を達成することを考えると、おのずと、「何を」という、記事の中に入れるべき内容が決まっていきます。

▶「何を伝えるか」を明確にする

　目的が決まったら、目的を達成するために必要な情報をブレインストーミングで出していきます。「イベントに来てもらうために必要な情報は？」と問いかけて、必要な情報をアウトプットします。集客目的であれば、いつ開催されるのか、どこで開催されるのか、どの駅に行けばいいのか、イベントの受付はどこにあるか、誰が対象なのか、どういった内容のイベントなのかといった5W1Hの情報が出てきます。

TIPS　ビジネス文書はテンプレートを活用する

　実際に執筆する段階で、必要な情報をどの順序で読んでもらうのかという「構成」も考えることになります。ビジネス文書を書く場合には、テンプレートを活用するのがお薦めです。用意されている項目順に書けばよいでしょう。議事録や稟議書、送付状など一般的なものは、文書作成ソフトの中にテンプレートがあるので活用できます。また、テンプレートが用意されていないものは、既存の文書を参考に項目を検討すると時間短縮できます。

4. チームで活用する

Let's use it in teams: Practical application in teams

1 | 振り返りでチームをマネジメントする

テンプレート：KPT シート　**手法**：ブレインストーミング

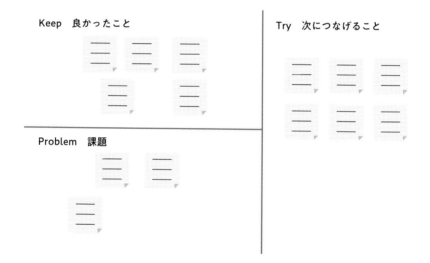

　KPT とは、Keep（良かったこと）、Problem（課題）、Try（次につなげること）の頭文字をつなげたもので、振り返りのためのフレームワークです。チームでこのフレームワークを埋めるようにブレインストーミングを実施すると、短時間で効果的な「振り返り」ができるので、ぜひ活用してください。

手順

1．Keep でブレインストーミングする
2．Problem でブレインストーミングする
3．Try でブレインストーミングする

▶ Keep でブレインストーミングする

　Keep は「次回も継続したいこと」「良くできたこと」を書き出します。ブレインストーミングの問いに「今回の○○で良かったこと、このまま継続したいことは？」を設定して、時間を取ってブレインストーミングを実施します。

▶ Problem でブレインストーミングする

　Problem は「だめだったこと」「次回は改善したいこと」を書き出します。ブレインストーミングの問いには「次回は改善したいことは？」と設定して、時間を取ってブレインストーミングを実施します。ポイントは、問いをマイナスの文言にしないことです。マイナスの問いだと、心理的にストップがかかり、NG ポイントが出しづらくなります。

▶ Try でブレインストーミングする

　Try は「次にやってみたいこと」「挑戦したいこと」を書き出します。ブレインストーミングの問いは「次回、やってみたいことは？」で大丈夫です。時間を取ってブレインストーミングを実施します。

　Keep、Problem、Try それぞれ通常のブレインストーミングと同じように、自由に書いて場に出す形でもよいのですが、あえて、まずは一人で書き出す時間を取ってから、順番に場に出していくという変則的な形をとるのがお薦めです。

順番に出しながら、似た内容を自分も書いていたならば、手元にある付せんを場に出していきます。一気に出さずに順番に出していくと、同じように感じた付せんが重なっていきます。これにより、より重要視すべき点が自動的にハイライトされていく効果があります。

　慣れてきたら、Keep、Problem、Try をいっぺんに出す形でブレインストーミングを実施しても問題ありません。時間短縮になり、こまめに振り返りを実施できるようになります。

２ 部下のやる気を引き出すマネジメント

テンプレート：欲求分析シート　**手法**：ブレインストーミング

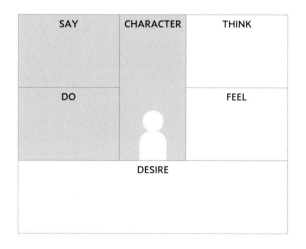

　一般的に、「部下のやる気を引き出す」といった強い動機付けが必要な場面では、報酬による外発的動機付けよりも、自身に内在する関心や興味からやる気が生まれる内発的動機付けが有効だと言われています。しかし、もっと単純化して、相手の「欲求」を充足するアプローチにするだけでも同じような効果が見込めます。また同時に、相手の欲求を充足することにより、相手の承認欲求がかなえられるため、内発的動機付けの補強にも有効です。

　欲求分析シートは、全ての行動の源泉となっている「欲求」を予測するためのツールです。共感マップの要素に、分析相手の「性格」を加えることで、より相手の「欲求」を発想しやすくなります。

CHARACTER（性格）：相手の性格、気質

SAY（話したこと）　：相手は普段何を話しているか、どんな言葉を使っているのか

DO（行動したこと）　：相手はどういった行動をとっているか

THINK（考え方）　：相手が何を考えているのか、どんな価値観を持っているのか

FEEL（感じ方）　：相手がどういった感情を抱くのか、感じ取っているのか

DESIERE（欲求）　：行動（SAY、DO）や考え方、感じ方の源泉となっているもの

手順

1．欲求を分析したい相手の性格を書き出す
2．相手を観察する
3．相手の「考え方」や「感じ方」を推察する
4．相手の中にある欲求を推察する
5．相手の欲求を満たしながら、対話する

▶ 欲求を分析したい相手の性格を書き出す

　過去の経験から「この表現で伝えたら相手は怒るだろう」と危惧して、伝える時の表現を事前に考えたことはありませんか。付き合いの長い友人や家族ほど、相手の「性格」や「気質」は分かるものです。
　性格が分かると相手の考え方や感じ方について、より高い精度で推察し

やすくなります。そこで、まずは相手の性格を書き出します。

▶ 相手を観察する

欲求分析シートは、状況を特定して使うと効果的です。例えば、「遅刻を繰り返す部下に注意する時」というような具体的な状況で相手を観察し、SAY と DO の項目を埋めます。

慣れてくると、その都度、自分が置かれた状況下ですぐに相手の欲求まで推察できるようになりますが、最初のうちは過去の状況を思い出して、SAY と DO を埋めるとよいでしょう。

▶ 相手の「考え方」や「感じ方」を推察する

相手の話していることや取った行動と、性格をもとにしながら、相手が特定の状況下でどういった考え方や感じ方をしているかを推察します。

共感マップのところでも説明しましたが、SAY と DO は実際に目で見て取れる情報です。欲求ベースアプローチでは、相手の CHARACTER を設定しているため、たとえ相手が同じフレーズを口にし、似ている行動を取ったとしても、相手の性格を加味して、考え方と感じ方を検討します。

例えば、性格が例①に挙げた「自己顕示欲が高く、負けず嫌い、人のせいにする傾向がある部下」の場合。部下 A が「次は気をつけます」と言いながら、目線を合わせない、口元を強く結んでいるような時には、考え方や感じ方は次のように考えられます。

例①　遅刻を繰り返している部下Aに注意した時
　　CHARACTER：自己顕示欲が高い、負けず嫌い、人のせいにする傾向
　　　　　　　　がある
　　SAY　　　：「次は気をつけます」「電車が遅れていたんです」
　　DO　　　 ：目線を合わせない、口元が強く結ばれている
　　　　　　　　　　　　　　↓
　　THINK　　：自分のせいじゃない
　　FEEL　　 ：いらつき、面倒くさい

　また、性格が例②に挙げた「真面目、義理堅い、自分で抱え込む傾向がある」部下の場合。部下Bが「次は気をつけます」と言いながら、目線を合わせない、口元を強く結んでいるような時は、考え方や感じ方は次のように考えられます。

例②　遅刻を繰り返している部下Bに注意した時
　　CHARACTER：真面目、義理堅い、自分で抱え込む傾向がある
　　SAY　　　：「次は気をつけます」「電車が遅れてしまいまして……」
　　DO　　　 ：目線を合わせない、口元が強く結ばれている
　　　　　　　　　　　　　　↓
　　THINK　　：なんで、また遅刻してしまったんだろう……
　　FEEL　　 ：不安、ツラい

　部下Aはその性格と目線を合わせない行動から、「自分のせいじゃない」

と心の内では考えていると推察でき、付随する感情として「いらつき、面倒くさい」などが考えられます。

　一方で部下Bは性格が「真面目、義理堅い、自分で抱え込む傾向がある」と部下Aとは真逆の傾向があるため、部下Aと同じように考えているとは推察できません。「なんで、また遅刻してしまったんだろう……」と自分を責めてしまい、「不安」や「ツラい」感情を抱えていることが考えられます。

▶ 相手の中にある欲求を推察する

　出揃った情報をもとに、相手の中にある欲求を推察します。部下A、部下Bの場合には、どのような欲求が考えられるか、情報をつなげて推察します（図4-7、4-8）。

▶ 相手の欲求を満たしながら対話する

　最後は、推察した欲求を満たしながら、相手と対話する際の「伝え方」を検討します。部下Aの場合にはどう言えば、やる気を削がずに「クライアント先に遅刻することは悪いことだ」を伝えられるでしょうか？　また部下Bには、どのように伝えればよいでしょうか。皆さんも、実際に考えてみてください（回答例は180ページに）。

　なお、回答例以外にも多様な伝え方があると思います。あくまで一例として参考にしてください。

> TIPS　**共感マップとの使い分け方**

　相手の性格をよく把握しているケースでは、共感マップよりも欲求分析シートを使って、より深い行動原理となっている欲求を捉えることをお薦めします。配属当初では、部下の性格が分からないところも多いでしょう

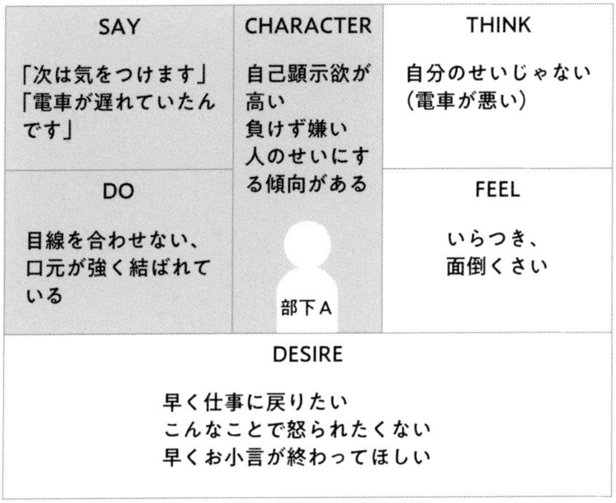

SAY	CHARACTER	THINK
「次は気をつけます」 「電車が遅れていたんです」	自己顕示欲が高い 負けず嫌い 人のせいにする傾向がある	自分のせいじゃない （電車が悪い）
DO 目線を合わせない、口元が強く結ばれている	部下A	**FEEL** いらつき、面倒くさい

DESIRE

早く仕事に戻りたい
こんなことで怒られたくない
早くお小言が終わってほしい

図 4-7　部下 A の欲求を推察する

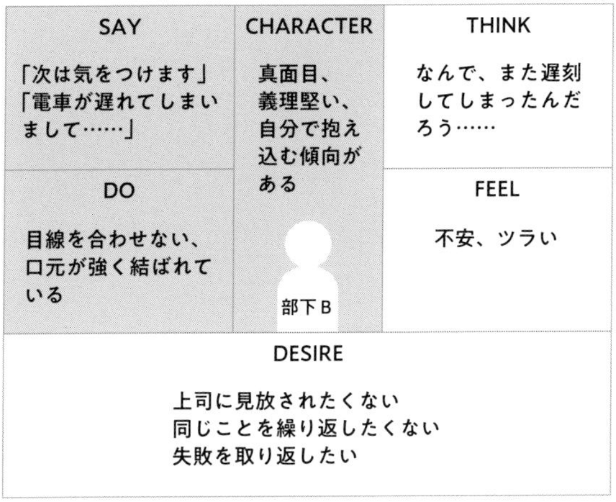

SAY	CHARACTER	THINK
「次は気をつけます」 「電車が遅れてしまいまして……」	真面目、義理堅い、自分で抱え込む傾向がある	なんで、また遅刻してしまったんだろう……
DO 目線を合わせない、口元が強く結ばれている	部下B	**FEEL** 不安、ツラい

DESIRE

上司に見放されたくない
同じことを繰り返したくない
失敗を取り返したい

図 4-8　部下 B の欲求を推察する

から、最初は共感シートを活用して知見を集め、性格や気質が把握できてから、欲求を推察する欲求分析シートを使うとスムーズです。

回答例

部下Aへ

「早く仕事に戻りたいと考えているのは良いことだが、クライアント先に遅れるのは問題だ。電車の遅れも加味して行動するには、どうすれば良かったと思う?」

解説:

先に相手の欲求を認めること。欲求が充足されると「上司は自分のことを理解してくれている」と思うので、耳の痛い話でも受け取りやすくなる傾向がある。

部下Bへ

「同じ事を繰り返したくないと考えているのなら、次からは大丈夫だろう」

「電車の遅れも加味して行動するには、どうすれば良かったと思う?」

解説:

先に相手の欲求を認めること。欲求が充足されると「上司は自分のことを理解してくれている」と思うのは部下Aのケースと同じ。部下Bの場合は、感情に対しても寄り添った「大丈夫だろう」という表現により、上司に見放されることはないことが分かると安心感につながり、不安も解消される。

より相手の視点で考え方や感じ方を推察するには

　研修では「こじれかけた夫婦関係」を事例として扱っています。相手の考え方や感じ方に大きな隔たりがある事例を用いているのですが、そのような事例であっても、レッスン3で説明したカスタマージャーニーマップを用いて、相手の日常を追体験してもらうと、相手が言ったこと（言動）に至った背景が分かるため、相手の欲求を理解しやすくなります。

5. キャリアマネジメントに 活用する

Use for career management

1 | セルフブランディングしてみよう

フレームワーク：ブランディングシート

手法：ブレインストーミングなど

Self-Branding Exercise

Keyword　あなたを形作るキーワード
あなたを表す3つの単語は?

_____

_____

_____

Ideal Person　あなたのキーパーソン
あなたの理想とする人物、企業、団体とその理由は?

_____

_____

_____

Personality　ブランドパーソナリティ
あなたはどのような、主義、性格、趣向?

_____

_____

_____

First step　ファーストステップ
はじめの一歩

_____

　ここで紹介するセルフブランディングのやり方は、僕がカナダから持ち帰ってきた「ブランディングエクササイズ」をベースに、個人向けに簡易版として改良したものです。

　ブランディングエクササイズは、企業のブランディングをするためのフレームワークで、ゼロから企業ブランドを作る時や、また、企業ブランドを一新する時に使います。ブランディングの目的は、「在り方」そのものを定義することです。ブランディングは表面的に飾ったものではありません。本質を理解し、本質を表すためのものです。

　本当の自分と、自分を表現する内容が乖離しているとストレスが生じます。今後のキャリアにおいて、そういった乖離を起こさないためにも、ぜひブランディングシートを使って、自分自身の本質と向き合い、自分の本質をシートにまとめてみてください。自己分析の結果を、次に３つの指標に落とし込むことで、ブランディングシートが完成します。

1．Keyword　　　あなたを表す３つの単語
2．Ideal Person　あなたの理想とする人物、企業、団体とその理由
3．Personality　　あなたの主義、性格、趣向

手順

1．ブレインストーミングで３つのキーワードを見つける
2．自分を表す３つのキーワードを深掘りする
3．理想とする人物、企業、団体とその理由を考える
4．自分の主義、性格、趣向を考える
5．描きたい未来を明確にし、はじめの一歩を考える

▶ ブレインストーミングで３つのキーワードを見つける

「好きなもの」「嫌いなもの」「やりたいこと」「ついついやってしまうこ

と」などを問いに設定して、自分についての理解を深めながら、思いついたことを付せんに書き出します。出揃ったものから、自分を表していると感じるキーワードを3つ選びます。

▶ 自分を表す3つのキーワードを深掘りする

1つめの指標である Keyword を見つけるために、ブレインストーミングで選んだ3つのキーワード（＝価値観）に対して「なぜ？」と問いを重ねて、さらに自分を深掘りしていきます。

この深掘りする過程を「バリューエスカレーター」と呼んでいます。深掘りするための「なぜ？」を、5回は繰り返すのがポイントです。理由が出揃ったら、それらを包括するひとことを考えます。そのひとことが、自分を形作るキーワードになっていきます。

1．3つのキーワードの中から1つを選ぶ
2．なぜそれが自分を表すキーワードなのかと問う
3．答えを付せんに書く
4．書いた答えに対して「なぜ？」を5回以上、繰り返し問う
5．出揃った理由を俯瞰し、全体をひとことで表す
6．1〜5を、残り2つのキーワードで繰り返す

▶ 理想とする人物、企業、団体とその理由を考える

次は2つめの指標となる Ideal Person を考えます。今までのワークによって、自分自身を深掘りしていることで、この指標を検討できるようになっています。「思いつくだけ出す」時には、ブレインストーミングを活用してください。

1．理想とする人物、企業、団体とその理由を思いつくだけ出す
2．出した中から3つに絞る

瞬発力と行動力があり、
探究心が強く、
カタチにする力も強い。

図4-9　センテンスの作成例

▶ 自分の主義、性格、趣向を考える

3つめの指標となる Personality を見つけましょう。「グループ化する」
には、親和図を活用します。その後、投票で自分の傾向が見えてきます。

3つのセンテンスの作成例は、図4-9を参照ください。いくつかの付せ
んを組み合わせて、主義、性格、趣向を表す文章にします。

1．自分の主義、性格、趣向を思いつくだけ出す
2．グループ化する
3．投票して絞る
4．並べ替えて3つのセンテンスにする

▶ 描きたい未来を明確にし、はじめの一歩を考える

3つの指標が出揃ったことで、自分が描きたい未来（ビジョン）が見え
てきているはずです。ブレインストーミングでビジョンを出し切り、それ
らを「抽象—具体マップ」で整理します（図4-10）。

1．自分が描きたい未来を思いつくだけ出す
2．抽象—具体マップの上にマッピングする
3．足りていない部分を足す
4．自分が明日からでもできることを決める

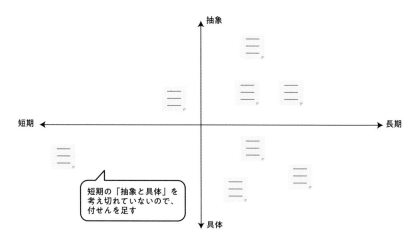

図4-10　抽象―具体マップ（二軸図）

　マッピングしてみると、自分の思考のクセが見えてきます。具体に付せんが多かった人は、抽象を考え切れていないので、その部分を足していきます。これは「短期―長期」の軸で見たときも同様です。寄っている傾向があったときには、付せんが出せていない箇所を足していきましょう。

　最後に、できあがったマップを眺めながら、「明日からできると思えること」を決めましょう。新たに書き出してもよいですし、すでにあるものから選んでも構いません。

　これで、ブランディングシートが完成しました。これらの指標は一度決めたら変えないものではなく、常に更新されていくものです。今後、このブランディングシートを常に更新しながら、ご自身のキャリアにぜひ、3つの指標を活用してください。

レッスン
Lesson **5**

新規事業の実現に
必要なビジネス創造力

主筆：**芝 哲也**　副筆：**上野郁江**

1. 新規事業が失敗する理由
——
Why New Businesses Fail

1 「コンセプト化」と「コンテンツ化」の欠落

　アイデアレベルで考えてしまっていては、実際にカタチになる（≒実現する）アイデアは作れず「an idea」で終わってしまいます。アイデアをもとにして核となる「コンセプト」と、それをもとに構成した「コンテンツ」を考えることで、はじめてアイデアは「形」になり、オリジナルな「the idea」として社会に認知されます（図5-1）。

　これは、スポーツと似ていて、体幹（コンセプト）ができていればどんな動きにも対応できますが、体幹が弱いとイメージ通り身体が動かず、最

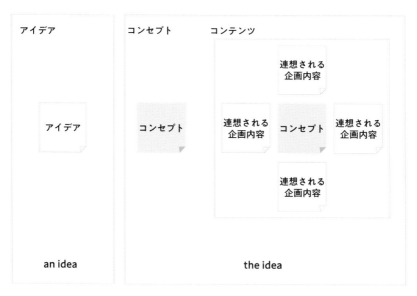

図5-1　コンセプトとコンテンツを考えることでアイデアは形になる

終的に無理をして身体を壊してしまうのと同じです。大切なのは、ひとことで何が中心にあるかを言えることです。

　たくさん伝えたいことがあるのは分かりますが、そのアイデアの価値をひとことで言い切れないならば、結局、何がやりたいか分からなくなってしまっています。そして、アイデアを形にしてみたとしても、現場のプロジェクトメンバーにアイデアの意図が伝わらず、結局現場が動かず進行が滞り、プロジェクトが頓挫してしまうことになります。

　まずは、ひとことでコンセプトを言い切り、それを具現化するために詳細を加えてコンテンツを作成しましょう。

2 ｜ クリエイティブ・ディレクションの欠落

　今までディレクションスキルが欠落していたがゆえに、新規事業プロジェクトが頓挫したり、途中で消える状況をいくつも見てきました。「0から1」のアイデアを生み出し、カタチにするには、「ディレクションスキル」が必須です。

▶ クリエイティブ思考で求められる「ディレクションスキル」

　ディレクションとは、方向を指し示すことです。ゴールを明確にし、自分がいる場所を理解し、ゴールまでの方向を理解して進んでいくことができれば迷子になりません。大切なのは、道は1つではないということです。どこを通ってもよいのです。創ることによって理解が進むにつれて、途中で向かいたいゴールが違う場所だと分かることもあります。その場合は、ゴールを変えても構いません。前に進むことで分かることがたくさんあります。

　思っていたゴールと実際のゴールが違う場合は、それを受け入れ、さらに理想とするゴールとその方向に進めばよいのです。ただ闇雲に進んでいくと無限に迷い続けてしまうので、仮で構わないのでゴールを設定して、

そこに向かって全力で進んでみる。修正をしながら理想に近いゴールににじり寄っていく。そんなディレクションがクリエイティブ思考では求められています。

▶ 理想の明確化
〜ビジョン、ミッション、フィロソフィーを見つけよう

　ゴールを明確にするためには、ビジョン、ミッション、フィロソフィーを明確にする必要があります。118ページで解説した「コンテンツ」は、理想を形にするため、もしくはフィロソフィーを成就させるためにあります。

　109ページで詳しく説明しているとおり、理想と現実のギャップのことを課題と言います。その課題を解決して理想に近づき、マイナスのギャップをプラスにすることを課題解決、プラスをさらに理想に近づけることを価値創造と言います。また、フィロソフィーを成就させていくことも課題

図5-2　ケプナー・トリゴー（再掲）

解決、または価値創造です（図5-2）。

　さらに、終わったらどうなっていてほしいかというゴールを定義します。ゴールを見つけ、方向を知り、道筋を考えること。どんな道筋でもゴールにたどり着けばよいのです。ただし、ゴールが見えなければ、方向が分からず、方向が分からなければ、どの道を通ればよいのか分かりません。

　ゴールが見えない場合は、何を大切にしたいのかを羅針盤にして進んでいきましょう。

▶ 試行錯誤して選抜する「スパイラルアップ」で進める

　初めにアイデアを考える段階こそ、アイデアを出し切り、沢山の試行錯誤をして選択していく必要があります。デザインの世界では大量にリサーチをし、手書きラフスケッチを100個ほど作り、3つ選んでラフデザインをして方向性を確定し、最後に1つを完璧に仕上げるという工程を踏むこ

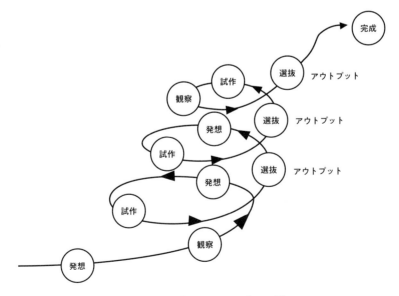

図5-3　スパイラルアップの一例

とがあります。

　これは、観察、発想、試作、選抜を必要に応じて組み替えながら「ざっくりとたくさん考えてから絞っていき、精度を上げていく」というスパイラルアップ型の考え方です（図 5-3）。

　全力で考えて、全力で形にしていく。それでも、最後の最後まで自分たちの考えたものが世界に受け入れられるか、喜んでもらえるかどうかは分かりません。「人事を尽くして天命を待つ」とはこのことですが、もし、人事を尽くしていないのならば、まだできることがあります。自分たちのやったことに自信を持つためにも、やり切ることが重要です。

3 　強いアイデアへの目利きの欠落

　新規事業を立ち上げるという文脈において、デザイナーが重要視しているのはアイデアの強さです。実際に世の中に出るような強いアイデアを、デザイナー間では「イケてるアイデア」と表現することがあります。

　失敗した新規事業の特徴として、アイデアのクオリティが低い、イケてないアイデアのまま進んでしまっていたことが挙げられます。失敗しないためには、高いクオリティのアイデアを理解する必要があります。そこで、いくつか、アイデアの良さを見極めるための指針を紹介します。

▶ 強いアイデアを見つけるクリエイターの嗅覚

　制作を長年やっているとイケてるものとイケてないものが、そのアイデアを聞いた瞬間にある程度分かるようになってきます。

　例えば、以前、僕がある「早朝フェス」[1] の企画をブランディングした際は、かなり初期の段階で、これはイケそうだと思っていました。手伝って

1　早朝フェス「Morning Gloryville Tokyo!」は、2014 年 7 月の平日朝 6 時半にアーツ千代田 3331（秋葉原）にて開催された。音楽やダンスなど各種エンターテイメントを取り入れ、朝の通勤時間をハイテンションに過ごす日本初のイベントで、300 名強が参加し、テレビの取材も入って大盛況となった。

くれたプロの写真家さんからも、「これはイケそうなアイデアだね」と言われました。この言葉の裏には、言葉にし切れないけれど、確かに「何か」が存在します。それを嗅ぎ分けるのがクリエイターの嗅覚です。

　逆に、「難しそうだな」というアイデアもある程度分かってきます。アイデアを見た時に、「面白いけど実現可能性が低そうだな」、「そもそも面白くなさそうだな」と、クリエイターは一瞬で判断しています。そこには法則性があるのではないかと思っているのですが、残念ながら、僕自身が明確化できていません。しかしデザインの現場にはある程度の指針があるので、ここではそれらを共有します。

　まず、『システム×デザイン思考で世界を変える「イノベーションのつくり方」』（前野隆司・保井俊之・白坂成功／日経BP）では、ビジネスデザイナー濱口秀司氏の提示したイノベーションの条件として以下の3つが挙げられています。

- New　　　　　見たことも聞いたこともないこと
- Feasible　　　実現可能なこと
- Controversial　物議を醸すこと

『すべての仕事はクリエイティブ・ディレクションである。』では、著者古川裕也氏が世界的広告の祭典、カンヌライオンでの審査基準として以下の3つを挙げています。

- New　　　　新しいこと
- Surprise　　驚きがあること
- Convince　　はたと膝を打つ（納得感がある）こと

デザイン思考を生んだ米IDEO社はイノベーションに必要な3つの視

点を挙げています。

- Desirability　魅力があること
- Feasibility　実現可能なこと
- Viability　持続可能なこと

アップルのデザイナーが師事し、iPod のデザインのもととなったディーター・ラムスは、「Less but more（より少なく、しかしより良く）」と言いました。世界三大建築家の一人、ミース・ファン・デルローエは「Less is more（少ない方が豊かである）」という言葉を残しました。そして、僕のデザインの師とも言える NOSIGNER 太刀川英輔はそれらを総称して「Less figure but more relationship（シンプルな形で、より多くの関係性）」と言いました。

　これらは全てシンプルを意味し、「少ない形で、多くの関係性を描くことができる」ことが良いデザインの基準であると指し示しています。これは建築業界の用語で、「解ける」とも言います。

- Simple　少ない形で多くの意味を持つこと
- Solve　解ける

　元電通で「島根が島根を自虐する」などの広告を手掛けた Yahoo! の内田伸哉氏は、慶應義塾大学大学院システムデザイン・マネジメント研究科の授業「企画デザイン論」の中で、良いアイデアを「やすい」と表現しました。伝わりやすく、テストしやすく、実現しやすく、実現のためのコストも安い。これらはクリエイターの嗅覚をかなり網羅しています。

- Easy　　　　やすい

▪ Inexpensive　安い

　濱口氏の例から内田氏まで、いくつかの基準を紹介しました。こうした点を満たすことができるアイデアは、良いアイデアと言えるのではないでしょうか。

▶ 満足ではなく、感動するアイデア

　「この映画は、顧客満足度満点を目指した映画です！」と言われた場合、「斬新だけど、あまり面白くなさそうだな」と思うのではないでしょうか？
　その理由は、**クリエイティブの目的は満足させることではなく、感動させること**だからです。満足のその先にある感動。**企画の本質は、人の心を動かす感動を与えて、行動を起こさせること**です。
　『感動のメカニズム 心を動かす Work&Life のつくり方』（前野隆司／講談社現代新書）によると、感動に必要なことは SENSE、THINK、ACT、RELATE の頭文字である STAR で表せると言います。

▪ SENSE　　美、味、匂い、触、心地よさ、その他の感覚で感動
▪ THINK　　理解、納得、発見、圧倒、その他の知見の拡大で感動
▪ ACT　　　動きや変化による「体験の拡大」への感動
▪ RELATE　人やものへのつながりに基づく「関係性の拡大」への感動

　これらを意識しながら「満喫、共感、フロー（時間を忘れるほど何かに没頭している状態）と関連し合い、幸せに大きく影響するもの」を感動と呼びます。
　新規事業を成功に導くためには、どれだけ多くの人を感動させるかが大切になってきます。この STAR フレームを活用して、出てきているアイ

デアを見直してみてください。そのビジネスを創造することで、人々の感動を呼び起こすことができるか、それが指針になります。

▶ 3年ぐらい覚えているアイデア

稀に考えてから実行せずにしばらく置いておいても、ずっと頭に残っているアイデアがあります。そのアイデアは実現すべきアイデアかもしれません。少なくとも自分の記憶に残り続けるアイデアは強いアイデアである可能性が高いと言えます。運と縁とタイミング次第で、なにか大きなムーブメントを呼ぶかもしれません。ですから、もし、そのアイデアが、どんなに収益性のないものでも社会的意義があったり、誰かを幸せにできそうならば、やってみる価値があるかもしれません。

▶「自利・利他・円満」なアイデア

仏教の教えで「小欲を捨て大欲に立つ」という言葉があります。自分だけの欲を超越し、社会の欲に変換するという意味ですが、これは強いアイデアの条件でもあります。大事なのは、自分も嬉しく、他者も嬉しく、社会も、世界も嬉しい「自利・利他・円満」の構造になっていることです。

自分が嬉しいだけでは独りよがりなものになってしまいます。自分は嬉しくなくて、他者が嬉しいものは自分を犠牲にしてしまっているので、長続きしません。そこで「自利・利他・円満」なアイデアをお薦めします。自分、相手、社会、世界と全てが円満になるように考えることで、幸せで、強いアイデアを選ぶことができます。

ここで、注意点がひとつ。「自分が面白いアイデアは、自分も相手も面白い」と人は考えがちです。しかし、円満なアイデアを選ぶ時には、内輪（自分とその周囲）ウケと一般ウケの差を冷静に判断し、自分も相手も社会も世界も面白いアイデアを目指していきましょう。

2. 新規事業を成功に導く 「企画」の作り方

How to create a "plan" to lead a new business to success

新規事業が失敗する理由として、以下の3つの理由を説明しました。

1. 「コンセプト化」と「コンテンツ化」の欠落
2. クリエイティブ・ディレクションの欠落
3. 強いアイデアへの目利きの欠落

逆に考えれば、これらを解消するステップを設けて、そもそも企画を立案していれば、新規事業の成功率は格段に高まります。そこで、ここでは新規事業でぜひ活用してほしい企画の立案方法について紹介します。

1 新規事業の企画立案

ここではクリエイティブ・ディレクションを用いながら、ビジョン・ミッション・フィロソフィーや、コンセプト化、コンテンツ化を活用した企画の進め方を紹介します。

新規事業を立ち上げる時は、「なぜやるのか」という目的レイヤーを明確化し、「どうやってやるのか」という方法レイヤーの解像度を上げる必要があります。ここで紹介する構成や手順は、解像度を高めるためにさまざまなやり方を試してみた上でたどり着いた、実際に業務に使っている方法です。図5-4に企画書見本を示しました。参考にしていただけると幸いです。

組み合わせるフレームワーク

- 企画書テンプレート［新規事業型］

企画書の構成

- 背景（過去・現在）
- 描きたい未来（未来）
- ビジョン・ミッション・フィロソフィー
- コンセプト
- コンテンツ詳細
- コンテンツが課題を解決できる理由
- 描きたい未来を叶えられると信じる理由
- その他、伝えたいこと

組み合わせる手法

- 二極ブレインストーミング
- ブレインストーミング
- ビジョン・ミッション・フィロソフィー
- コンセプト
- コンテンツ

手順

1. 二極ブレインストーミングを行う
2. ビジョン・ミッション・フィロソフィーを作る
3. コンセプトを作る
4. コンテンツを作る
5. 構造シフト発想法でコンテンツを磨き込む
6. 高速プロトタイプを行う
7. コンテンツを絞り込む
8. 企画書を書く

ディチャーム VR 帰宅 企画書

背景	日本では、65 歳以上人口は、3,589 万人となり、総人口に占める割合（高齢化率）も 28.4％となった。ますます加速する超高齢化に対して、身体的な健康に関する議論は多いが、心の健康に関する対策はあまり議論されていない
描きたい未来	課題先進国の日本の超高齢問題をポジティブに解決し、心の健康や社会的役割を継続し、高齢者からさらに楽しめる世界で1番高齢者が元気な国にする
ビジョン	「生きることを最後まで楽しむことができる社会」を目指す
ミッション	新しい体験価値を創出し、シニアの「楽しい」を増やす
フィロソフィー	シニアの IT ライフをデザインする シニア文化の発展 高齢者からさらに楽しめる
コンセプト	帰宅できる VR
コンテンツ詳細	誰が：参加シニア、ご家族、ディチャームスタッフ いつ： 9 月準備　制作、関係者説明、体験者決定、準備調整 　　　　10 月実行　撮影、編集、本人体験 どこで：入居者の自宅（撮影）、施設居室（VR 鑑賞） どうやって：VR ゴーグルやストリートビュー・360 度カメラを使用し、老人ホームの入居者が外出することなくいつでも自宅や自宅周辺の映像を楽しんだり、オンラインで家族と会話できるようにする
コンテンツが課題を解決できる理由	コロナ禍で家族の面会もままならなくなった高齢者施設において、VR を使った帰宅体験は実現可能であり、高齢者の要望に応えられる
描きたい未来を叶えられると信じる理由	新しい技術を使って、思い出を想起することで、高齢者に幸せな気持ちになってもらうことができると考える

図 5-4　企画書見本 ［新規事業型］

▶ 上位目的をデザインする

ビジョン・ミッション・フィロソフィーといった上位目的を見つけるために二極ブレインストーミングで下準備します。「究極の○○は?」「最悪の○○は?」という問いはテーマが行き着いた先の未来の話なので、上位目的になる可能性のあるアイデアをたくさん出すことができます。目指すべきビジョン、実現すべきミッション、大切にしたいフィロソフィーを導き出すのに複数ある究極の未来の可能性をたくさん出せる二極ブレインストーミングが最適です。

▶ コンセプトとコンテンツをデザインする

ビジョン・ミッション・フィロソフィーを設定できたら、実現したい新規事業のコンセプトを作りましょう。「○○できる XX」「○○のような XX」「○○から XX へ」「○○を XX へ」という型を活用してコンセプトを立て、投票により絞り込みます。次に、コンテンツデザインを使い、コンセプトを中心に据えたコンテンツを作りましょう。

▶ コンテンツの検証と構造シフトによる改良

どのコンテンツが良いのか「普通—驚き」×「実現可能—実現不可能」の二軸図に置いて検証します。コンテンツの要素をもっと良くなるように構造シフト発想法を使って、ずらしながら改良していきます。

▶ コンテンツのプロトタイピングを実施する

コンテンツを作ったら実際に高速プロトタイピングを実施して価値検証をしてみましょう。プロトタイプを作り価値検証することによって、使えるコンセプトやコンテンツが絞り込まれていきます。

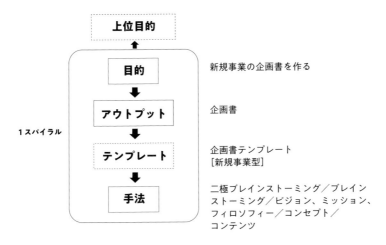

図 5-5　新規事業向け企画書の 1 スパイラル

（図中テキスト）
上位目的
目的　新規事業の企画書を作る
アウトプット　企画書
テンプレート　企画書テンプレート［新規事業型］
手法　二極ブレインストーミング／ブレインストーミング／ビジョン、ミッション、フィロソフィー／コンセプト／コンテンツ
1 スパイラル

▶ 企画に落とす

　ここまで絞り込んだら、コンテンツを何個か選び、企画書フォーマットに落とし込みましょう。企画書フォーマットを確認して、足りないところをブレインストーミングなどで検討して、企画書を制作します。

▶ 企画立案は新規事業実現に向けた 1 スパイラル

　ここまでがクリエイティブ思考によってイノベーティブなデザインを形にするための 1 スパイラルです（図 5-5）。次項で、クリエイティブ・ディレクションの基本パターンを積み上げていく、複数のスパイラルによるクリエイティブ・ディレクションを詳しく説明します。

3. 新規事業を成功に導くクリエイティブ・ディレクション

Creative direction which leads new businesses to success

　ここからはさらに、上位の目的に向けてプロトタイプフェーズに移りスパイラルを積み上げていく、クリエイティブ・ディレクションを取り入れた新規事業の進め方について解説します（図5-6）。

1 新規事業の進め方

　企画を検証し、それに対する振り返りを行い、改善するなりピボットするなりして、目的達成まで走っていきます。

▶ 出てきたコンテンツは上位目的を達成するか

　大事なことは目的が果たされることであって、各スパイラルで出てきたコンテンツ（アウトプット）自体ではありません。最初に出てきたコンテンツが必ずしも正しいとは限らず、それを体験的に知るために、プロトタイプがあると考えてもよいでしょう。必要に応じて、必要なワークを取り入れながら、コンテンツをブラッシュアップし、上位目的に向けてスパイラルアップしていきます（図5-7）。

　アウトプットを出すことによって、上位の目的が達成されることが重要です。そのためにはそもそも何が1番上位の目的なのかを明確にし、その実現のための手段としてアウトプットを活用していくことです。上位の目的とは、レッスン2のCauseの項で紹介している、ビジョン、ミッション、フィロソフィーです。だからこそ、これらの明確化が重要なのです。

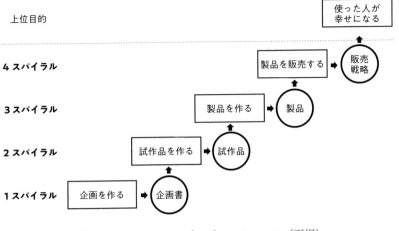

図 5-6　クリエイティブ・ディレクション（再掲）

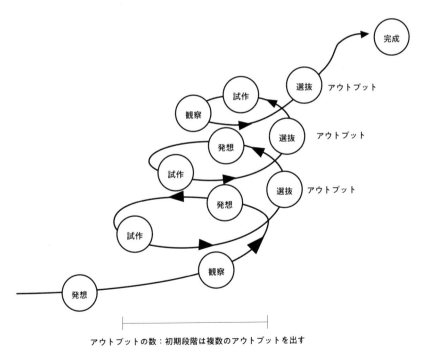

アウトプットの数：初期段階は複数のアウトプットを出す

図 5-7　スパイラルアップの一例

▶ 上位目的により進むべき方向性と取り組むべき工程が分かる

上位目的からそれぞれの目的とアウトプットを逆算することで、複雑な仕事でも工程を立てることができ、全体性と進行を把握することができます。大切なのは、上位目的を明確にして、それを意識して、全てのアウトプットが出力されることです。上位目的がアウトプットの選抜の基準になりますし、自分が進むべき方向性、ディレクションを示してくれます。

▶ スパイラルの初期段階では複数のアウトプットを出す

スパイラルは後半に行けば行くほど、アウトプットを精緻化していくことになるため、作るのに時間がかかります。しかし、スパイラルの初期はラフレベルやアイデアレベルになるので、たくさんのアウトプットを出すことが比較的容易です。1つだけのアイデアを検討するより、複数を検討した方が知見と視点が増え、自分の最終的なアウトプットに自信を持つことができるので、スパイラル初期にはたくさんのアウトプットを出すことを心がけるとよいでしょう。

▶ ピボットをいとわない

検証や選抜によってアウトプットされたものが、上位目的にそぐわない場合にはピボットすることもできます（図5-8）。初期段階で複数のアウトプットを作る習慣をつけておけば、ピボットが必要になった時に選抜から漏れたアイデアを代案とすることができます。また発想から新しい代替案を検討する必要なく、検証し続けて事業を進められます。

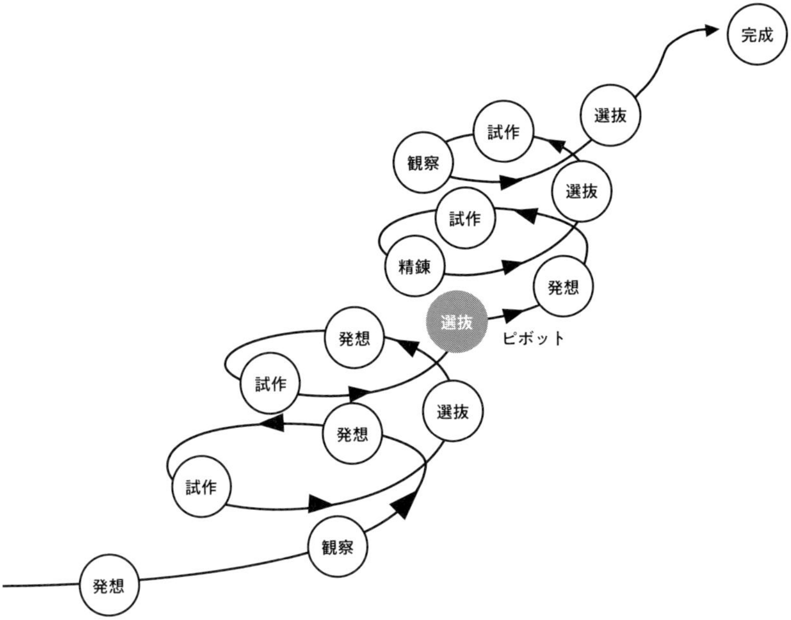

図 5-8　スパイラルアップでピボットが発生

2 | 新規事業を進める上で特に意識したいこと

▶ アイデアディレクターが「発言しやすい環境」を作る

　新規事業は、一人で進められるものではなく、チームメンバーと一緒に長期間にわたって進めていくものです。人と人とのやり取り、コミュニケーションには気を配るようにしましょう。そこでお薦めなのが、チームの誰かが場を引っ張る**アイデアディレクター**の役割を果たすことです。

　アイデアディレクターの役割は、発言しやすい環境、アイデアが出やすい環境を作ることです。アイデアを出すことに慣れている人にとってはブレインストーミングなどでアイデアを出していくことは容易ですが、引っ込み思案の人や、自分の発言に自信が持てずなかなか発言できない人もい

205

ます。こういった人たちこそ思慮が深く、たくさんの思考を重ねている人の場合が多いので、ぜひとも、発言を引き出したいものです。

▶ ルールを設けて発言を促す

そんな時、場のルールによって発言を促す方法があります。例えば、「アイデアをシェアする」ルールです。まず、ブレインストーミングでは、最初に４分ほど一人で付せんにアイデアを書く時間を設けます。これにより４分後には手元にアイデアを書いた付せんが残ることになります。シェアする時間になると、せっかく書いたその付せんを出さないと人は気持ち悪いと感じるもので、自然と自分が書いた付せんを使って話し始めてくれます。

普段たくさん考えている人は、話し始めてさえくれれば、書いていなかったことまでたっぷり話してくれます。付せんに書いてない部分はアイデアディレクターがメモを書いてあげてください。付せんはきっかけであり、ただのスターターです。同時に、その場に出てきた話を保存するためのメモツールでもあります。

また、ルールの設定は「問い」の部分でも活かせます。「普段考えないような問いに答える」というルールで、言語化していなかった部分を考え、言語化することもできます。例えば、「究極の○○とは？」「最悪の○○とは」といった極端な問いです。他にも「なぜ？」という本質に近づくための問いなど、工夫次第で普段言語化していないけれど、無意識の奥に眠っているアイデアを引き出すことができます。

アイデアディレクターは参加者が突飛なアイデアを出しやすいように、普通は言わないような突飛な事例を含んだ説明用のスライドなどを用意しましょう。また、チームに入って協創する場合は、最初に面白いボケのようなアイデアを出すか、突飛なアイデアを出すなどで、参加者の解空間を広げながら、発言のハードルを下げるとよいでしょう。

4. 事例紹介 VR 帰宅　ディチャーム株式会社

Case Study: VR Returning Home

　ここではディチャーム株式会社で実施した、新規事業開発ワークショップの事例を取りあげながら、複数のスパイラルによるクリエイティブ・ディレクションの実例を紹介します。新規事業の「VR 帰宅」ができるまでを振り返りながら、ケースとして学んでいきます。

　はじめに、VR 帰宅のサービス内容と、実際のクリエイティブ・ディレクションの全体像を示します（図 5-9）。レッスン 2「クリエイティブ思考に求められる 6 つのプロセス」で説明した、観察、発想、試作、選抜、精錬、伝達のプロセスがどのように進むのかの、具体例となります。

VR 帰宅

住み慣れていた街の駅に降り立ち、通り慣れた商店街や寺を過ぎ、自宅近くを散策……お気に入りの場所、いつもの通り道、懐かしい家の中――。愛おしい風景が目の前に、VR（Virtual Reality）対応による 360 度の世界が広がります（図 5-10、5-11）。

ディチャーム株式会社

「生きることを最後まで楽しむことができる社会」に向けて、課題先進国の日本の超高齢問題をポジティブに解決するソーシャルベンチャー。シニアの課題解決型ビジネスを牽引するトップリーダーとして、新しい体験価値を創出し、シニアの「楽しい」を増やす事業を全国で展開する。

代表取締役社長：大久保 智明

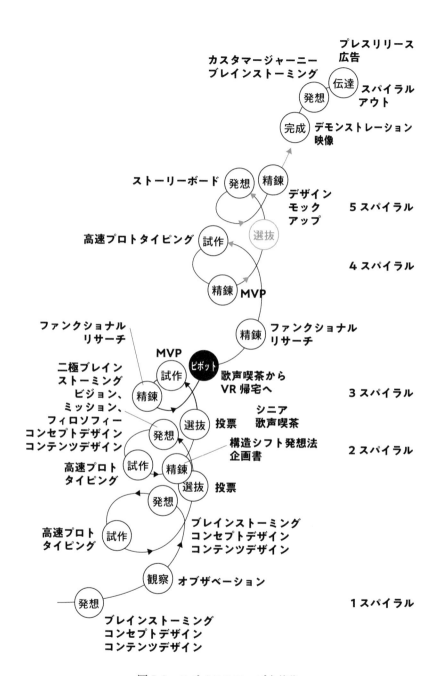

図 5-9　スパイラルアップ全体像

図 5-10　VR 帰宅

図 5-11　VR 帰宅のイメージ画像

▶ 1 スパイラル

　発想として、「高齢者× IT」をテーマに掲げ**ブレインストーミング、コンセプトデザイン（コンセプト化）、コンテンツデザイン（コンテンツ化）**を実施。参加者の頭の中にあるアイデアを出し切ることを目的としながらも、アイデアを出すことに慣れることに重点を置き実施しました（図5-12）。

　続いて**観察**として、**オブザベーション**を行い、コロナ禍における日常の変化を観察してもらい、その結果を踏まえた上で、もう一度ブレインストーミングへ。その後、出てきたアイデアを**コンセプト化、コンテンツ化**し、

209

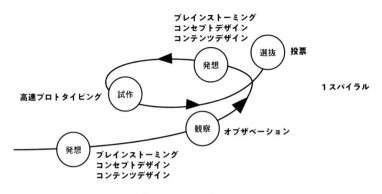

図 5-12　1 スパイラル

アイデアの強度を高めました。この工程の目的は、頭の中で考えていたこと（ブレインストーミングの結果）と、現実で見てきたこと（オブザベーション）とのギャップを理解し、そのギャップを超えたアイデアを出すことです。

　発想のアウトプットとして、2 つのコンテンツが出てきたのを受けて、**試作**の**高速プロトタイピング**へ。試作により、コンテンツを現実化し、比べてみながら**選別**として**投票**を実施しました。

▶ 2 スパイラル

　投票によりハイライトされたコンテンツをいったん横に置き、2 スパイラル目に入ります。「究極の“高齢者× IT”」「最悪の“高齢者× IT”」という極端なテーマで**二極ブレインストーミング**によるアイデア出しを行います。そこから、新規事業における**ビジョン、ミッション、フィロソフィー**を導き出し、極端な発想を含んだ 2 度目の**コンセプト化、コンテンツ化**を行いました（図 5-13）。

　コンテンツ化まで固めたアイデアに対して、1 スパイラル目と同様に**プロトタイピング**を実施。二極ブレインストーミングは、ブレインストーミングに比べてより多いアイデアが出てくる傾向があるため、1 スパイラル

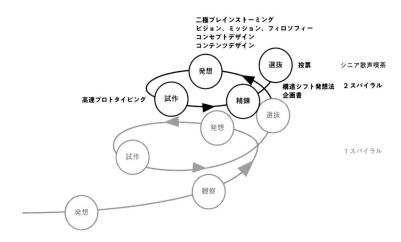

二極ブレインストーミング
ビジョン、ミッション、フィロソフィー
コンセプトデザイン
コンテンツデザイン

発想　　　選抜　投票　　シニア歌声喫茶

試作　　精錬　　構造シフト発想法　2スパイラル
　　　　　　　　　企画書
高速プロトタイピング

選抜

発想　　　　　　　　　　　　1スパイラル

試作

観察

発想

図 5-13　2スパイラル

目よりも多くのアイデアが形になった状態になりました。

　ここで**選抜**を挟み、さらにコンテンツの強度を高めます。出揃ったコンテンツに対して、**投票や二軸図、構造シフト発想法**によって、コンテンツの強度を確認した結果、「シニア歌声喫茶」「VR帰宅」「コスプレシニア」「シニアロックフェス」「遺影でイエイ！」といったコンテンツに絞り込まれていきました。

　そこからさらに投票などで絞り、複数のコンテンツを企画書に落とし込み、一時は「シニア歌声喫茶」を新規事業として実施する方向に動きました。

▶ 3スパイラル

　ところが、実際に**MVP**を試作してみたところ、オンライン会議ツールとして検討していたZoomでは、声が遅れてしまうという予期しない技術的な制約に見舞われました。声の遅れへの対処法は見つけたものの、少し複雑な操作が必要で、その操作をオンライン越しに、高齢者に操作をお願いするのは難しいことが分かったのです（**ファンクショナルリサーチ**）。

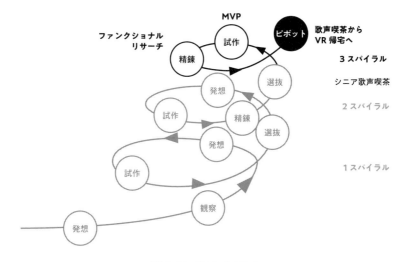

図 5-14　3 スパイラル

そこで、採用するコンテンツを「シニア歌声喫茶」から「VR 帰宅」へ**ピボッ
ト**しました（図 5-14）。

▶ 4 スパイラル

　今度はピボットした VR 帰宅について、強度を**精錬**させるために**ファン
クショナルリサーチ**を実施し、実際に VR 帰宅制作に向けた ToDo リスト
を作成し、仕事を明確化しました。プロジェクトメンバーに VR の専門家
がいなかったため、まず、iPhone の VR 視聴アプリ、VR 制作アプリを片っ
端からダウンロードし、実際に使ってみることで、操作しやすく、やりた
いことを実現できそうなものをそれぞれピックアップしました（図
5-15）。

　続いて、実施したのが**高速プロトタイピング**です。撮影に必要な 360
度カメラを 3 種類、VR 機器を 2 種類借りてきて、どれが使いやすいか、
本当にやりたいことが実現できそうか、撮影、編集、視聴して**試作**しまし
た。

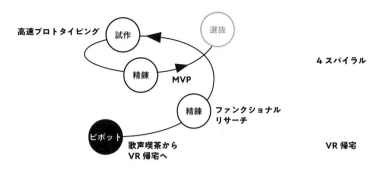

図 5-15　4 スパイラル

　その後、360 度カメラと VR 機器を決定し、実際に制作メンバーの身内にご協力いただき、インタビューして撮影を行うという、もう 1 段階踏み込んだ、コンテンツを**精錬**させるための **MVP** を制作しました（なお、この MVP の結果は満足できるものであったため、ここでは、スパイラルアップの際に実施している選抜を実施しないで次のスパイラルに移行しました）。

▶ 5 スパイラル

　4 スパイラルの MVP で得た知見をもとに、動画の構成がサービスの要になることが判明したので、いったん**発想**を挟み、ブレインストーミングで VR 撮影用の**ストーリーボード**を作ることにしました。そして、できあがったストーリーボードを元にメンバーは浅草へ。実機デモ用の映像を撮影し、VR 用の映像として編集して、**デザインモックアップ**でもある**デモンストレーション映像**が完成しました（図 5-16）。

▶ スパイラルアウト

　いよいよ、このサービスのローンチです。クライアントの老人ホームなどの施設に展開する資料が必要になったので、**カスタマージャーニーマッ**

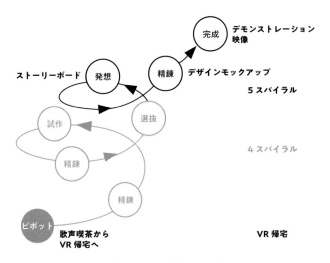

図 5-16　スパイラル 5

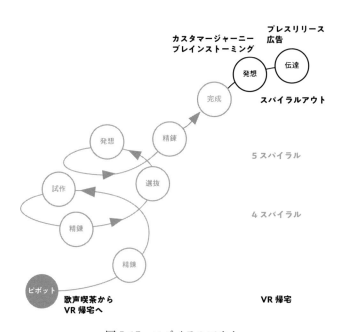

図 5-17　スパイラルアウト

プを作り、そこから抽出したインサイトをもとにしながら、構成と文章を**ブレインストーミング**で作り、資料とプレスリリースを作成。プレスリリースの発表とともにサービスをローンチしました（図5-17）。

　いかがでしたでしょうか。このような一連のスパイラルアップするプロセスを経て、クリエイティブ思考を使ったサービスデザインはでき上がります。他にも、ベネッセコーポレーションとのプロジェクトなど、さまざまな企業とともに新規事業を創っています。

　本書で解説してきたさまざまな手法を実際に使用して、新規事業を進める際の参考になればと思います。

レッスン
Lesson **6**

ビジネス創造力の
育て方・活かし方

主筆：**上野郁江**　副筆：**芝哲也**

1. 天才ではなく、達人を目指す

Become a master, not a genius

　最初からすごいアイデアが出る人は稀です。ただ、創造的思考は後天的なスキルであり、誰でも鍛えることができます。まず、アイデアを出す筋肉、創造的思考の筋力を鍛えましょう。

　アイデアを出す訓練をした人としていない人は、武道の初心者と有段者ほどの差があります。「基礎練習をして応用を学び、実践で使おうとしてみて課題が見つかり、また基礎練習に戻る」ということを繰り返しながら、練習によって強いアイデアが出るようになっていきます。その積み重ねが揺るぎない創造的思考を創っていきます。ここでは一人でできる創造的思考の鍛え方をご紹介します。

1 　基礎、応用、そして実践

　基礎を理解して、基礎力を鍛えることで創造的思考は驚くほど高まります。この時に重要なのは、基礎と応用を分けることです。基礎を飛ばして、いきなり応用問題に挑戦してしまうと、1つか2つは課題解決や価値創造ができるかもしれませんが、10個、20個と課題が増えた時につまずいてしまいます。それは、よりどころとなる土台がないからです。まずは基礎力を強化すること。基礎は鍛えれば鍛えるほど応用が効くようになります。また、実践と練習は違います。

　枝葉末節にとらわれて、本質が疎かになる。もしくは、本質だけ見てしまい、何も形にできない。どちらも良い結果には結びつきません。本質も見て、具体も見る。木も見て森も見る姿勢が重要です。

2. 想像力を鍛える
—
Training your imagination

　創造的思考を発揮するためには、「想像力」を鍛えることが重要です。「想像できるものは創造できる」という言葉の裏返しになりますが、想像できなければ創造できません。まず、基礎的な想像力を養いましょう。目の前にある事象に集中することも大切ですが、その結果がどのような未来につながっているのか想像できるかどうかは、未来を創っていくための基本です。

　想像力は、「ものの裏側に想いを馳せる」能力でもあります。お店に入った時、お店の表側を見るだけでは分からないことを想像してみたことはありますか。「どんなビジネスモデルで成り立っているのか」「どんな社員教育をしているのか」「どんなオペレーションで商品を準備するのか」「どうやって商品を開発しているのか」などの視点で日常を観て、想像した中に、今、自分が知りたいことの答えがあるのかもしれません。

1 想像力を鍛えるエクササイズ

▶ お店の裏側を想像する

　自分の身近にあるビジネスをケーススタディとして捉えて、成立している事例を分析することで、想像力が鍛えられると同時に、そこで得た気付きは自分のビジネスに活きてきます。入ってみたお店の裏側を想像してみましょう。

① お店に入る

② さまざまなことを想像してメモする

③ 想像した内容が正しいか、インターネットなどで調べて答え合わせ
してみる。お店の人に聞いてみるのもよい

▶ 想像力を広げる語彙を増やす

　日常で自分が体験したことと言葉をなんとなく結び付けていませんか。
例えば友人が「山に行く」と言った時、どんなことを思い浮かべますか？
行先は富士登山かもしれませんし、尾瀬ハイキングかもしれません。体験
や知識を表現する語彙が狭いと、相手が自分に伝えたい「山」を相手の意
図に沿って想像するのが難しいでしょう。「山」はどんな山で、行くこと
にどのような意味があり、どんな感情の変化がもたらされるのかといった
相手の真意をくみ取るには、受け手に知識や体験が求められます。言葉に
はさまざまなバリエーションがあることをまず認識して、自分の体験や知
識を広げ、言葉とつながるイメージの語彙を増やしましょう。

① 「山」という言葉を画像検索してみる

② さまざまな「山」に行ってみる

③ それぞれの「山」の違いを言語化してみる

▶ 逆企画書を書いてみる

　ヒット作品となる企画を作ることはとても難しいのですが、すでにある
ヒット作品を企画書に落とし込み、制作者の視点を理解することは比較的
容易に取り組めます。その作品の良い点だけでなく、大変そうなポイント
を想像することが大切です。例えばアニメ作品であれば「絵を描くのが大
変そう」「背景描写が大変そう」など、CGをふんだんに使った作品であ
れば「CGを作るのが大変そう」「製作費が高そう」などと想像すること

が訓練になります。さまざまな商品、サービス、映像などの逆企画書を描いてみましょう。

① 映像作品などを見る

② その作品の良い点や特徴、大変そうなポイントをメモする

③ アーキタイプで分析してみる

④ 作者になったつもりで企画書を書いてみる

▶ 上級編：アテレコをしてみる

日常にはドラマがあります。しかし、当事者でなければそのドラマになかなか気付かないものです。ここで1つ上級編の練習法としてアテレコを紹介します。

想像力を自由に発揮して、目の前で起こっている事象に勝手にドラマを作ってみてください。この練習法は面白い上に、想像力がとても磨かれます。人間観察をしながら、遭遇した場面にアテレコをして勝手にドラマを作ってみましょう。

① 公園やカフェで人間観察をする

② 特定のグループを選択する（お父さんと子ども、犬と飼い主など）

③ 彼らの行動や会話にセリフをあててみる

3. ○△□で絵を描く

Drawing a picture with ○△□ .

　絵を描くことが苦手という人は珍しくありません。ただし、それは子どもの時、もしくは、大人になってからでも、絵の基本的な描き方を教わっていないことが原因なのかしれません。アニメーション業界に伝わる絵の描き方の基本を知り、絵を描くことへの苦手を克服しましょう。

　突然ですが「○△□」は描けますか？　この質問で描けないと答えた人は今のところいません。世の中にある人工物のほとんどは○△□からできているので、○△□が描ければ、絵が描けるようになります。

　実際に手を動かしてみましょう。223 ページに解答例を掲載しておきます。

　1．○△□を描いてみる
　2．○△□から派生した絵を描いてみる
　3．円錐、三角錐、立方体を描いてみる
　4．円錐、三角錐、立方体から派生した絵を描いてみる
　5．今まで使った図形で身の回りのものを描いてみる

解答例

1.

2.

○△□の組み合わせで、いろいろなものが描ける

3.

円錐、三角錐、立方体も○△□の組み合わせ

4.

○△□の数を増やせば表現の幅が広がる

5.

テレビやクーラーなど、身の回りにあるものを図形の力を使って描いてみる

4. 自分の審美眼を養おう

Developing your own aesthetic sense

1 審美眼を身につけるために

　センスは誰にでもあります。ただし、センスは磨かないと鋭敏になりません。センスは磨き、鍛えるものだと認識しましょう。

　センスを磨くためにはいろいろなものをたくさん見る必要があります。良いと言われている物事を数多く体験することで、知識としてではなく体感として何が良いのか何が悪いのかを体得できます。この感覚は主観的なものなので、全てにおいて正しいとは限りません。しかしその上で、自分が良いと思うものがなぜ良いのかを考える必要はあります。無意識に良いと思っているものの良い理由を取り出し、自分の作るものに付け足していくことは可能です。自分のセンスを拡張するという気持ちでセンスの更新に勤しみましょう。

　また、学ぶの語源は「まねぶ」だと言います。センスの良いと思う人を分析し、まねることによっても、センスを磨くことができます。審美眼を身につけるためには「センスの良いもの」を「正しくまねる」、日常にある全ての事柄から「まねび」ましょう。

▶ Pinterestでムードボードを作って言葉にしづらい 「感性」（空気感）を学ぶ

　ムードボードは映画やブランディングによく使われる画像を使ったリサーチの方法で、別名フレイバーボードと言います。やり方は簡単で、関連しそうな画像を集めて、グループ化し、空気感やコンセプトを見いだし

ます。絵を使ったブレインストーミングだと思ってもらえば分かりやすいかもしれません。

　良いと思うアイデアや、自分の作っているものに関連するキーワードなど、さまざまな画像を集め、それらを分類していくと、共通する空気感が浮かび上がってきます。ムードボードは複数枚に分かれることもあります。

1．Google、Pinterest などを使って、良いと思うデザインを集める
　　キーワード、コンセプトなどで検索して調べてもよいし、グラフィックデザイン、広告デザインなどの視点で調べてもよい
2．似ているものを集めて何枚かのボードにする
3．ボードにしたらデザインコンセプト、または、空気感を表すコピーをひとこと添える

▶ キャッチコピーを写経しよう

　電通には、写経と呼ばれるコピーの練習法があります。やり方は簡単。『コピー年鑑』（東京コピーライターズクラブ）という名作コピーが載っている年鑑を図書館などで借りるなどして、最初から最後まで、自らの手でノートに書き写すのです。

　この作業はインターネットを使うともっと簡単にできます。「コピー　コピーライト　名作」と複数キーワード検索でインターネットで調べ、出てきたものを全て書きます。これによって、コピーライターがどのように考えているのか、どんなアウトプットが良いコピーとされているのかを身体を使って学ぶことができます。

　これは画家が行う模写に似ていますが、言葉を書くという一見単純な作業であるためとても効率良く、アウトプットの質を磨くことができます。自分の中にはないプロフェッショナルの思考を効率的に取り入れるのに最適です。

気をつけたいのは、細部をそのまま使ってしまうのは模倣になってしまうことです。この練習は、どのような言葉の組み合わせ（ex. 落差を生むもの）が良いコピーになるのか、プロがどのような視点で物事を見ているのか、どこまでの表現が可能でどこからが行き過ぎになるのかといった視点を理解するために行います。自分だけの視点だと偏っているため、プロの視点をまねることにより、自分を拡張することができるのです。

▶ 分かりやすい文章を「正しくまねる」

皆さんは「文章がうまくなりたいのならば、うまい文章をまねなさい」という話を聞いたことはありませんか？ うまい文章としてよく紹介されるのが、新聞の第1面（下段）にあるコラム欄です。朝日新聞の天声人語、読売新聞の編集手帳、毎日新聞の余録などが有名です。

「まねる」には、キャッチコピーと同様に写経する方法があります。ただし書き写す時には、きちんとポイントを押さえていないと、意味のない（つまり、文章力の向上は見込めない）写経になってしまうので注意しましょう。

中学高校と新聞部に所属していた私は、文章力を伸ばすために新聞のコラム欄を書き写すことにトライし、1年ほど続けましたが、文章力が向上しているのか分かりませんでした。

社会人になり、編集者として数年経ってから、やっと「まね方」がわかってきました。まねる時に大切なのは、①文章の構成がどうなっているか、②文章のリズムが心地よいか、この2点を押さえなければいけないという点です。

この経験から、「どうすれば文章がうまくなりますか？」という質問を受けた時には、まず、本書でも説明している「文章の目的」の話をしたあとに、文章の構成をまねることと、文章を音読することをお薦めしています。

　文章の構成をまねるとは、段落ごとに、「何について説明がなされているか（要素）」を確認し、その要素の順番をまねることを指します。例えば議事録を書きたいのであれば、どんな順番で「議事録」が書かれているか、議事録の構成をまねてください。段落に書かれている要素を抜き出して踏襲することは著作権に抵触しません。また、文書テンプレートがあれば、構成をそのまままねることができるので、ぜひ活用してください。

　音読とは、その名の通り「声に出して文章を読むこと」です。世の中の「うまい」と言われる文章は、読んだ時のリズムも心地良い文章になっています。読んだ時のリズムは、最初のうちは脳内でうまく再生できないので、まずは「音読する」ことをお薦めします。ぜひ、新聞のコラム欄を音読してみてください。写経よりも時間をかけずにトライできますし、アナログな方法であるがゆえに、自分の中にリズムがインストールされます。それをある期間は毎日続けていくことが大切です。

　「うまい文章」の書き味（リズム）が自分の中にインストールされれば、自分が書く文章にもその味付けを付与できるようになります。最初のうちは、自分が書いた文章を音読してみてください。毎日毎日音読していた「うまい文章」との差違が分かるようになれば、どのように直せばいいか、おのずと分かるようになります。

　構成とリズム。この２つをマスターできれば、文章を書くのがつらくなくなります。ぜひトライしてみてください。

5. 日常で実践できるエクササイズ

Exercises that can be practiced in daily life

1 チラシを見る時に空気感を見るクセをつける

　日々、家のポストに投函されるチラシや新聞の広告を何気なく見ているのだとしたら、顧客に対する訴求力を上げる絶好のチャンスを逃しています。なんらかの商品・サービスを売りたい企業は、対象となる顧客の好みを分析して、顧客に届きやすい表現やデザインで「チラシ」「広告」を作っています。そこから学べることは多いので、これからはぜひ、捨てる前に一度チラシや広告をじっくりと眺めてみるクセをつけてみてください。

　チラシを見る時に、あわせて分析すべき軸は、①誰に対する広告なのか、②課題として何を設定しているのか、③紹介する商品が競合と比べてどう違うのか、の観点で観察してみてください。

▶ 誰に対する広告なのか

　広告を見る時には、その商品が「誰」をターゲットにしているかを考えてみましょう。多くの広告では、ターゲットが明確になっていることを実感できるはずです。特に、企業が広告主であるものは明確です。

　例えばエステであれば「女性」をターゲットにしている広告がほとんどです。その中でも、他社との差別化をはかるために、F1層（Female-1：女性20〜34歳を対象）にしているか、F2層（Female-2：女性35〜49歳を対象）にしているかが、判別できます。

　判別ポイントは、キャッチコピー、全体的な空気感（デザイン）です。キャッチコピーで「モニターにつき、無料」を前に出しているケースは

F1 層に向けた広告である可能性が高いでしょう。

　F2 層であると、お金を持っている層と見なされているようで、「モニターにつき無料」のあるなしにかかわらず「個室を確保」など「上質なトリートメント」を感じさせる広告になっているケースが多いと分析しています。こういった蓄積があれば、個室を全面に出して、ゆったりとした空間を売りにしているエステは、間違いなく F2 層が中心顧客だろうと判断できます。

　どの商品・サービスであっても、企業がお金をかけて広告を出している以上、明確にターゲットは設定されています。そこに訴求するために使われている、キャッチコピーやデザインによる世界観や色、フォントの雰囲気などを見る目を養いましょう。

▶ 課題は何か

　エステ以外にも、サービスとして「筋膜リリース」を提供している接骨院やエステのチラシが家のポストによく入ってきます。私は筋膜リリースについての知見を持っているわけではありませんが、「筋膜リリース」という手段が、どんな課題を解決するかを明確にしているチラシかどうかという視点で、いつもチラシを眺めています。

　単純に、「筋膜リリース（45 分）：6000 円」と記載するのか、「ダイエットへの効果が期待できるプログラム（45 分）：6000 円」と記載するか、「肩こり解消へ効果が期待できるプログラム」と記載するかの違いです。相手に響くキーワードは、相手にとっての「課題」、つまり理想と現実のギャップです。それがマイナスをゼロにする困っていることか、理想に向かってより良い状況を手にすることができるものか、です。

　課題をうまく掴んで広告を打っているかいないかの着眼点でチラシを見るのも、世代ごとの課題感を知る上で有効です。

▶ 紹介する商品が競合と比べてどう違うのか

ちなみに、「競合と比べてどう違うのか」という点まで押さえているチラシには、ほとんど出会えたことがありません。飲食店のチラシであれば「10% OFF クーポン」や「500 円 OFF クーポン」、エステのチラシであれば、初回無料をうたったものがほとんどです。数あるお店の中で「なぜそのお店に行きたくなるのか？」と差別化ポイントまで表現しているケースはレアです。

単なるチラシと思うなかれ。日常で遭遇する広告 1 つをとってみても、3 つのポイントを押さえて分析してみることで、学べることは多いのです。学んだことは自分の仕事にぜひ活用してみてください。

2 一流と言われる場所、ものを体験する

一流と言われるものには理由があります。それを体感し、分析することで自分だけでは届かないクオリティを知ることができます。

例えば、三つ星レストランでご飯を食べたり、有名なケーキ屋さんでケーキを買ったりと「食べること」で体感できるものもあれば、歌舞伎を見たり、オリンピックを観戦したりと「見る」ことで体感できるものもあります。他にも、帝国ホテルに行ったり、ナイアガラの滝に行ったり、ニューヨークの街を歩いたりと「行く」ことで体感できるものもあります。

その道を極めた人たちに出会い、そのアウトプットを目の当たりにすること、また、一流の人たちが集う場所や、自然が作り上げた驚異的な景色を見て体感することで、自分を拡張することができます。ぜひ、すごいものに触れましょう。

3 │ 製法とクオリティを知る

▶ 形にする方法とそのクオリティをたくさん学ぶこと

　どのようなものが低コストでクオリティ高く作れて、どのようなものが費用は高いのにクオリティが低いのか。これらさまざまな制作に関する知識を集めることで、いざ何かを形にしようとした時に、早く、安く、そして確実に、高いクオリティで形にすることができます。

　例えば、ホームページを作るのは大変でも、Facebook のページを作るのはある程度簡単であること。Facebook グループだったら承認などなしで、たくさんの人を招待できること。イベントを開くには Zoom などを使った方が場所代がかからず、人が集まりにくかったら配信に切り替えられるということ。継続的な事業を創ることは大変でも、イベントとして、ワークショップを開催することは比較的容易であること。レーザーカッターでアクリルをカットすると、3D プリンタより製品に近いクオリティのものが出力できること。

　方法によるクオリティが分かっていると、本当に投資すべきところに投資できるようになり、予算がなくて、納期が短いプロジェクトを形にする時にとても役立ちます。常にアンテナを張り巡らせて、楽しみながら情報収集をしつつ、それらの知識を使う機会を待ちましょう。

4 │ 創造的思考の守破離

　千利休は「規矩作法守りつくして破るとも離るるとても本を忘るな」と言いました。つまり、まずは師の言うことをよく聞き、型を覚え、大切に守りなさい。すると、型の本当の意味が分かってきます（守）。その上で他の流派の教えに触れると、今まで守ってきた型によって比較検討ができるようになるので、残すべきものは残しながら良いものを取り入れて、今

までの型を破ることができるようになります（破）。そして、独自の研究を進め、師の型も自分の型も極めると、型自体を使う必要がなくなってきます（離）。ただ、型を使う必要がなくなったとしても、初心を忘れず、本質的な部分も忘れないようにすることです。

　これは芸事の基本のように語り継がれていることですが、創造的思考でも同じことが言えます。

1．型を覚えて不自由になる
2．型を使いこなせるようになる
3．型を捨てる
4．それでも身体に残ったものが本当に自分が獲得したもの
5．1に戻る

これを繰り返すうちに、自然と創造的思考を発揮できるようになります。

編集の文法

　「音読するなんて面倒くさい」と思った方にお薦めなのが、文章構成とリズムがある一定の基準を超えるように設定された「編集の文法」を先に覚えてしまうことです。編集者が読者に向けて「わかりやすい文章」を提供するために用いているテクニックを編集の文法としてまとめ、拙著『才能に頼らない文章術』（ディスカヴァー・トゥエンティワン）で解説しています。

　編集部の現場を駆けずり回り体当たりで覚えてきた「読者にわかりやすい文章を書くためのノウハウ」を31の文法にまとめています。興味のある方は、ぜひ御一読いただければ幸いです。

プレゼンテーション資料の作成 by T.Shiba

　ここではプレゼンテーションのデザインを題材にして、ビジュアルリサーチ、ムードボード、デザインパーソナリティの具体的なやり方を解説します。プレゼンテーション自体の作り方の詳細は『1分で話せ 世界のトップが絶賛した大事なことだけシンプルに伝える技術』（伊藤羊一／ SB クリエイティブ）を参照ください。

手順

1. 文章の目的を設定する
2. 論理構造を考える
3. 内容を擬人化する
4. ビジュアルリサーチをする
5. スタイルを策定する
6. 表紙のデザインを考える
7. それぞれの項目をビジュアル化する

プレゼンテーションの目的は「相手を動かすこと」

　プレゼンテーションの語源はプレゼントだと言われています。つまり、自分から聞き手への贈り物です。贈り物をする時に大切なことは、相手に何かを贈って「喜んでもらうこと」ではないでしょうか？ そうだとすると自分が気持ちよく話すだけでなく、「何を」「どんなタイミングで」「どういう風に」渡すかが重要になってきます。

　そこで、気をつけるべきは「伝わるビジネス文書」の書き方と同じで、「誰に」「何の目的で」「何を伝えるか」を明確にすることです。

▶ ピラミッドストラクチャーを作る

まず、主張を明確にします。ピラミッドストラクチャーを用いて主張とそれをサポートする3つの根拠を集めて論理的に正しいストーリーを作ります。

▶ 相手の心に働きかけるデザインの力を使う

いくら論理構造が正しくても、正しいことを言うだけでは人は動きません。大切なのは相手の心を掴み、行動につなげられるかどうかです。デザインやビジュアル表現は相手の心を掴むのに最適です。デザインはセンスの有無が良しあしを左右すると思われがちですが、センスだけではなくデザインをする「理由」を明確にすることの方が大切です。

▶ 伝える内容を擬人化するデザインパーソナリティの確定

デザインをする時にまず考えるとよいのは、プレゼンテーションする内容が「人間だったら？」と考えることです。擬人化することであり、この内容がデザインするものの形の「理由」になります。

例えば、「創造性を解き放つための本」をプレゼンテーションする場合、その本の「キーワードは何か」、「どんな性格をしていそうか」を明確にすることで、「どんな姿をしていそうか（スタイル）」、「どんなものを見ていそうか（テイスト）」「どんな声で話しそうか（フォント）」などを決めることができます。つまり、擬人化した要素からビジュアルにした場合にどのように表現したらよいかが分かります。

下記の2つは、デザインする上で最低限決めておいた方がよい項目です。

- 3つのキーワードで表す
- 性格、主義、趣向を3つのセンテンスで考える

デザインパーソナリティ

3つのキーワード

限界突破

行動　知的探究

3つの性格、主義、趣向

1.自分を探求し、深掘りしつつ、世界とのつながりを理解し、人に優しく開いている

2.探求心により、楽しくて嬉しくてポジティブ、そして、実はエネルギッシュ

3.圧倒的意識高い系、意識高いと言われようと全くひるまない圧倒的な意識の高さ

デザインパーソナリティの確定

　「3つのキーワード」は、ブレインストーミングを使って5分ほどアイデアを考え、投票などを使い3つに絞っていきましょう。

　性格、主義、趣向も、ブレインストーミングを使って5分ほどアイデアを考え、近いものをグループ化し、センテンスを作り、投票などを使い、3つに絞りましょう。デザインパーソナリティの作り方は、ブランディングシートの作り方と共通項が多いので、詳細な手順は「キャリアマネジメントに活用する」（P182）を参考にしてください。

▶ ビジュアルリサーチ、ムードボードを作る

　キーワードと性格を明確にしたら、それらに関連する表現のリサーチをします。「冷静沈着で寡黙」と「情熱的で雄弁」では見せる写真、イラスト、図解、色などの表現が全く異なりそうだということが分かると思います。

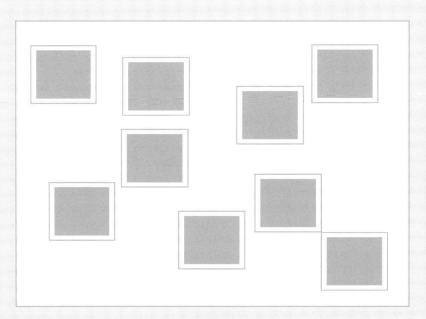

キーワードに合う画像を集める

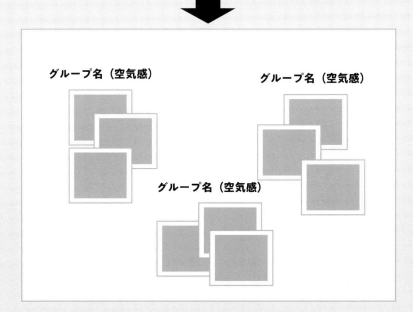

集めた画像をグループ化して「空気感」を言語化する

キーワードと性格に合ったデザインを Google の画像検索や Pinterest などで集めていき、空気感を表すボード、ムードボードを作ります。

▶ スタイルを策定する

　ムードボードを参考にフォントやビジュアル表現を確定します。デザインパーソナリティを確定して、ビジュアルリサーチをしたため、どのようなデザインが最適か明確になってきています。そこでスタイルを確定することによって、オリジナルのデザインスタイルを確立することができます。

　また、この時にテンプレートを使っても構いません。テンプレートはある意味でスタイル集です。何となくテンプレートを選ぶのではなく、意図を持って選んでください。ただし、本当にぴったりなテンプレートはなかなかありません。思い描くスタイルに近いものを選び、少しカスタマイズして、どんなフォントを使うのか、どんな色を使うのか、どんなイラスト

フォント 1

情に棹させば流される。智に働けば角が立つ。どこへ越しても住みにくいと悟った時、詩が生れて、画が出来る。とかくに人の世は住みにくい。意地を通せば窮屈だ。

フォント 2

情に棹させば流される。智に働けば角が立つ。どこへ越しても住みにくいと悟った時、詩が生れて、画が出来る。とかくに人の世は住みにくい。意地を通せば窮屈だ。

カラー

Font 1

ABCDEFGHIJKLM
NOPQRSTUVWXYZ
abcdefghijklm
nopqrstuv

Font2

ABCDEFGHIJKLM
NOPQRSTUVWXYZ
abcdefghijklm
nopqrstuvwxyz
1234567890

スタイル例

を使うのか、どんな図を書くのかなど、デザインに一貫性を持たせることで信頼度が高まります。

▶ 表紙をデザインする

スタイルが確定したら、デザインしていきます。表紙はプレゼンテーションの「顔」です。どのようにしたら内容を表現できるのか、ムードボードを参考にしながらスタイルを駆使して、デザインパーソナリティを表現するデザインを目指しましょう。テンプレートを使う場合も、できるだけデザインパーソナリティを表現できるように、画像選びや色選び、そして、言葉選びに気を配ってみてください。

▶ 写真は大きく使う。概念はなるべく図解する

内容をデザインする時に重要なのは、なるべく字を載せすぎないこと。言葉だけで説明するよりも、写真やイラストを使って表現したり、難しい概念は図解化したりすると相手に自分のメッセージが伝わりやすくなります。なるべく直感的に理解してもらえるように工夫しましょう。

文字をたくさん並べすぎず、スタイルをうまく活用しながら、図解する、絵を大きく使うなどの工夫をすることで、理解が進み、相手の心を動かすことができます。

企画の場合は、ワクワクするようなプレゼンテーション資料を、ファイナンスの場合は、相手が安心できるような資料をという風に、TPOに合わせて表現を最適化してみてください。

プレゼンテーション資料の具体例

おわりに

あとがきにかえて ── by 芝 哲也

　僕たちは子どもの頃、創造的だったはずです。鬼ごっこに勝手にルールを追加して新しいゲームを作り、おままごとでは本来ならあり得ない面白い設定を取り入れ、お風呂の中でおもちゃにアテレコして謎の寸劇を演じるなど、創造性をいかんなく発揮してきたのではないでしょうか。

　いつの頃からか人の目を意識し、周囲と違うことをしないように気をつけたり、失敗を恐れて、自分が今やっていることが正解かどうかを気にしたりするようになった結果、創造性を心の奥底に押し込めてしまったのではないでしょうか?

　僕が、創造性を高めるための技術を意識しだしたのは今から 20 年前、高校生の時です。ギターを始めて「ビートルズがすごいのはなぜなのか?」という疑問を持ち、コード理論や声楽理綸などを学びながらさまざまな音楽の勉強に明け暮れました。その過程で、音楽教員の伊藤育夫先生が「ドシラソファソドの法則」というものを教えてくれました。

　伊藤先生は、当時、新任の面白い先生で、本当はプロの指揮者を目指していたものの、家庭の事情で教員になったという不思議な先生でした。「私、ピアノが弾けないんだよね」と言いながらどんな曲でも即興で弾きこなす先生にコツを尋ねたところ、音楽にはある程度の法則があると「ドシラソファソドの法則」を教えてくれました。この法則は、時々変化して適応する必要がある法則だったため、法則は絶対ではないということも学ぶことができました。

　また、故龍飛雲老子の精龍會中国拳法道場（現：龍志拳友會中国拳法連盟）にて、カンフー（酔拳）を学び始め、伝統武道の素晴らしさと奥深さ、

そして、高龍勝弘先生をはじめとした先生方に、伝統技術の実践と継承方法を学びました。

　そして、3学年上の高校の先輩、NOSIGNER 太刀川英輔さんとの出会いが決定的でした。現在はグッドデザイン賞の審査員を務める太刀川さんも、当時は法政大学建築学科の学生。浪人中に受験勉強と称して、家に週5日のペースで通い、プロジェクトや、Adobe Flash というソフトを使ってプレゼンテーション資料をインタラクティブにするお手伝いをしました。そこで「デザインができる太刀川さん」と「デザインができない僕」の差を鮮明に感じて、その理由を知るためにデザインを探求し、デザインの奥深さにハマっていきました。

　以降、専門学校、海外、カナダの専門学校、プライベートでさまざまな師に巡り合い、創造性を育てるためのたくさんの智恵をいただきました。トランスフォーマーを手掛けた作画監督の大島譲次先生に絵を書くための「○△□の法則」などを教えてもらい、「絵がまったく描けない」状態から「基本は知っている」状態にしていただきました。写真家江口善通先生には、シャッターを切る責任と必然性について、セバスチャン・ディ・キャステロ先生にはクリエイティブ・ディレクションの基本を教えてもらいました。

　慶應義塾大学大学院システムデザイン・マネジメント研究科では、前野隆司教授のご指導のもと、今まで見つけた創造性を高める方法を体系化したり、新しい手法を開発したりする研究をさせていただきました。また、鈴木寛先生の社会創発塾でも社会課題解決、価値創出プロジェクトの実践と先生の思想から、大いに学ばせていただきました。

　柔道の始祖・嘉納治五郎先生は、さまざまな柔術の天才たちに投げられながら「投げられる直前に体勢を崩され、投げられやすい状態にさせられている」と気付き、「投げ」に再現性を持たせることに成功しました。これはいわゆる「崩しの発見」と言われ、現在では柔道の「基本のキ」として伝えられています。この技術の発見が柔術を柔道に変え、天才の武術か

ら、達人のスポーツへと変化させました。日本の古武道だったものが世界に広まり、今ではオリンピック競技になるまでに発展した大元には、このような歴史があったとされています。

　落語の世界では、桂枝雀師匠が見つけた「緊張と緩和の理論」が現代のお笑いに活かされており、同時に、バラエティ番組の制作や、CMなどの広告にも応用されています。「創造性に関しても、天才のものから達人のものに変化させることができないか」というコンセプトで、本書にはさまざまなクリエイティブの諸先輩に教えてもらったこと、そして、実践の中で見つけたことを詰め込むことになりました。

　僕が、あまりにアイデアが出なさすぎて、手帖にアイデアを書きためていくことから生まれた、ブレインストーミングの進化系「ニューロン発想法」。この開発がきっかけで、必要に応じて手法を発明することができるようになりました。同時に、すでにある手法を集めて組み合わせて、足りない部分を補填しながら課題に向かっていく方法をまとめ、既存の手法の課題を解決して新しく使いやすい手法を作ること。さらには、まだ世に出ていないクリエイターの思考法を体系化して手法化することによって、クリエイティブ思考は成り立っています。クリエイターの数や種類だけ体系があり、手法があるので、拡張性は無限大です。

　佐藤雅彦氏は「つくりかたのつくりかた」という概念を提唱していますが、本書はそれをさまざまな角度から拡張したものとも言えます。また、カナダのデザインカンファレンスで出会ったビジュアルアーキタイプという考え方にも大きく影響を受けています。

　現在僕は、デザイナーを続けながら研究や創造性教育の活動をしています。「全ての人の創造性を解き放つ」を目指し、人生100年時代に一人ひとつのイノベーション「1億2000万個のイノベーション」を実現すること。そして、やってみようと思うことを突き詰めて、創造的に生き切った先にある多様な可能性が具現化した未来を見たいと考えています。

この本の技術や解説が、皆さんが「創造性を解き放つ」一助になれば幸いです。

　最後に、NOSIGNER 太刀川英輔さん、写真家 江口善通先生、元 VFS の学科長 セバスチャン・ディ・キャステロ先生、書家 田坂州代先生、アートディレクター ヒュンビン・イムさんなど、クリエイティブに関するさまざまな教えをくださった先生、先輩方、本当にありがとうございます！皆さんの教えを受け継ぎながら、少しでも進められるところは前に進め、次の世代に継承していきたいと思っています。

　技術もさることながら、思想の部分でもいつも学ばせていただいている、前野隆司先生、鈴木寛先生。いつも多大なご指導ありがとうございます！先生方に教えていただいたことを咀嚼しながら書かせていただいている部分が多々あります。ここでお礼をさせていただきます。

　本書に対してフィードバックをくれたサポーターの皆さん、ありがとうございます。皆さんに事前にプロトタイプを読んでいただき、さまざまなご意見をいただいたことで本書のクオリティは大幅に上がりました。また、帯を書いてくださった伊藤羊一さんには深く感謝します。いつも僕の伝わらない話を翻訳してくれ、その奥にあるものを引き出してくれる上野郁江さん。この本の企画が通った時、上野さんと一緒なら新しい時代に必要だとされているクリエイティビティとコミュニケーションの両方をカバーできると思いました。2人とも不器用なタイプで研究のように仕事に打ち込んでいたことが結実したのだと思います。ありがとうございます。

　いつも新しい視点をくれる最愛の妻 芝紗江さん。ありがとうございます。毎日楽しくクリエイティブに過ごしていきましょう。

あとがきにかえて ── by 上野 郁江

　本書を手に取っていただきありがとうございます。『創造的思考のレッスン〜新しい時代を生き抜くビジネス創造力』を、無事に刊行することができました。

　刊行までの道のりには、紆余曲折がありました。クリエイティブの現場で培ってきた暗黙知である経験則を、形式知化したのが本書の内容です。しかし、形式知化には段階があることが、本書の執筆中に分かってきました。今まで「言語化」できていれば、それは＝「文章化」できているものだと考えていましたが、違いました。

　執筆しているうちに、文章化のためには、言語化よりも一段深く内容を理解していることと、論理的な説明が必要になることが分かってきたのです。そこで、創造性教育で扱っている内容を「話す」から「書く」へ変換する際に、その意図が異ならないように、私がメインで執筆していた箇所はもちろん、芝がメインを担当した箇所でも気を配りました。

　彼の原稿が上がってきたときに、行間にさまざまな意味が隠れている状態になっていたので、彼が伝えたいことを読者にきちんと伝えるために、原稿を読みながら彼に質問して隠れている意味を引き出し、文章化する「翻訳」をしています。Google Document 上でデジタルからはじまった「翻訳」作業は、紙ゲラ（校正紙）になってからも続けた結果、最終版では、彼の意図することを伝えきれたと思っております。

　ちなみに、私のこの翻訳能力は、芝が発見してくれたものです。私は自分の中にあったこの能力に気付いていませんでした。彼はいつも私に気付きを与えてくれます。そもそも私は、彼と出会う前には、自分が創造的思考をしていることにも気付いていませんでした。自分がクリエイターであることを思い出させたのも彼のおかげです。

　編集者の仕事はとても地味な仕事です。企画が通った後の編集者は、テ

レビ業界におけるプロデューサーの役割を果たすようになります。著者に原稿を依頼し、デザイナーにカバーデザインを依頼し、誌面をつくるDTPを編集プロダクションに依頼し、自分はプロデューサー的な立ち位置で「本を作るプロジェクト」の完成に向けて、関係各所を調整します。

　著者から原稿が送られてきたら、それを編集します。文法を直す、固有名詞が間違っていないかを確認する、掲載したい画像の使用許可を取るなど、さまざまな細かい裏方の作業も延々とこなします。毎月1冊の本を担当しながら、この業務の繰り返しの中にいた私は、自分がクリエイターであることを忘れ去っていました。

　私は、芝が表現する「カタチにする」（企画を本という「形」にして世の中に届ける）ことを繰り返していたのです。カタチにする過程で、観察−発想−試作−選抜−精錬−伝達というクリエイティブ思考のスパイラルを繰り返していました。

　皆さんも「自分の仕事には創造性は関係ない」と思っていませんか。しかし、創造性はどこでも、どんな時にでも発揮できるものです（だからこそ、AIが台頭してきても残る能力なのだと思います）。私のように、自分で気付かないうちに発揮している可能性もあります。

　いったん、自分で自分の行動を振り返ってみてください。答えのないことに対して、果敢に挑戦を繰り返していたとしたら、創造的思考を発揮しています。それは「できない。では、できるにはどうすればよいのか？」と、クリエイティブ思考のスパイラルを頭の中で回している、もしくは、回しはじめている状態です。本書で紹介したクリエイティブ思考のスパイラルが、さらなる創造的思考の契機となれましたら、これ以上なく幸せです。

　本書が、読者サポーター制度を導入して作った書籍であることも、ここで紹介させていただきます。これは私が常々、「商品開発の現場では"お客さまの声を反映しました！"が当たり前にあるのに、なぜ書籍だとないのだろう？」という疑問からスタートした企画です。

　事前に、なんと約100名の方々に読者サポーターになっていただきました（お名前は希望者のみ、最後のページに記載させていただきました）。本来の工程では著者だけが確認する校正紙の内容を一緒に校正をしてもらい、フィードバックをしていただきました。「ここが分かりづらい」「もっと、こうしたらどうだろうか」という、読者目線でたくさんのアドバイスやフィードバックをいただきました。また、たくさんの感想をいただき、執筆の励みになりました。本当にありがとうございます。

　1番に感想とフィードバックをくださったのは、サイボウズの社長室長と複業家、農家の3足のわらじを履く中村龍太さん。『多様な自分を生きる働き方 COLLABOWORKS ～誰にでもできる複業のカタチ』（エッセンシャル出版社）の編集を担当していたご縁で、今回、読者サポーターになっていただきました。ありがとうございました。PDFデータの原稿を耳で聴くというクリエイティブな読み方と適切なフィードバックに脱帽しました。

　本当に細かい所まできちんと誤字脱字、文章の言い回しをチェックしてくださったのが鎌倉誠さん。彼は私が雑誌の新人編集者だった頃に担当させていただいた著者さんです。そのころからとても文章がうまく、新人だった私は助けていただきました。20年の歳月を経ても衰えをみせずに、バシバシと指摘していただき本当に助かりました。ありがとうございます。

　他にも、いろんな業界の方からアドバイスいただきました。まず、小学校教員としての立場からアドバイスいただいたのが、江越喜代竹さん。著書の『たった5分でクラスがひとつに！学級アイスブレイク』（学陽書房）は、増刷を重ねている著者の大先輩です。視点が異なるフィードバックをいただき、とても参考になりました。ありがとうございました。

　書家というクリエイターの立場からアドバイスいただいたのが、田坂州代先生です。芝と私の二人をよく知る田坂先生からのフィードバックは適切過ぎて言葉もなく、すぐに内容に反映させていただきました。ありがと

うございました。

　また、そもそも経験則を形式知化できるようになったのは、慶應義塾大学大学院システムデザイン・マネジメント研究科で研鑽した経験があったからです。私たちの師であり、クリエイティブ思考協会の代表でもある前野隆司先生にも感謝を伝えたいと思います。いつも示唆を与えつつもあたたかく見守っていただき、本当にありがとうございます。

　他にも、多くの人に支えられて本書が世に出ています。クリエイティブ思考協会の理事であり、企業間レンタル移籍を推進するローンディールの大川陽介さん、帯の推薦文を快く引き受けてくださった伊藤羊一さん、本書の編集を担当していただいた瓜島香織さん、本当にありがとうございました。他にも、たくさんの人に関わっていただけて、本書は幸せです。

　そして、共著を誘ってくれた芝哲也さん。いつも私が気付いていないことに気付かせてくれてありがとう。また、デザイナーとして、とことん妥協を許さずに「形」にする力は、本書でも発揮され、より良い書籍ができあがりました。

　最後に。本書の執筆や校正のために、21時からオンライン会議を始める私のことを、あたたかく見守ってくれた、夫である上野展照に100万の感謝を。いえ、それ以上の感謝を。本当にいつもありがとう。

（敬称略、五十音順）

Special thanks

スペシャルサンクス

——

秋元祥治	坂倉杏介	濱田千尋
池本修悟	鈴木 寛	福永 泰
伊藤羊一	太刀川英輔	前野隆司
伊東玲子	チカイケ秀夫	保井俊之
井上亮太郎	当麻哲哉	
大久保智明	中村龍太	

Supporter

サポーター

——

秋山拓也	鎌倉 誠	中川俊之介
池田美樹	上林久美子	西 美津江
石橋みなこ	小島賢太	橋本 武
稲村友紀	小西芽衣	長谷川幸志
猪田有弥	近藤友加里	日吉紀之
イワモトアキト	佐久間 悠	深見智恵子
上野淳次	笹田裕介	福井雄一
江越喜代竹	佐藤 彰	細野真悟
大川陽介	高尾俊行	前田主税
大塚毅彦	田坂州代	松山晃基
岡田芳樹	高戸友子	水越美幸
岡部知行	多田雅彦	山崎 茜
尾木洸太	ツブキタツヤ	山本英雄
加来賢一	寺本裕美子	吉田英史
加藤万季	中川 元	

著者略歴

芝 哲也／Tetsuya SHIBA

デザイン事務所 Cauz（コーズ）代表

一般社団法人クリエイティブ思考協会共同代表理事

ブランディングとイノベーションを軸に、広義のデザインの枠を超えて、街づくり、中小企業の支援、起業家支援、社会課題解決などへのデザインの適応をおこなう。慶應義塾大学大学院システムデザイン・マネジメント研究科修士課程修了。バンクーバーフィルムスクール デジタルデザイン学科卒業後、カナダの大手広告代理店 BLAST RADIUS（ブラストレディアス）に勤務。帰国後はデザイン事務所 NOSIGNER に加入し、サイエンスコミュニケーションや災害支援など、社会課題解決プロジェクトに参加する。2011 年デザイン事務所 Cauz を設立。龍志拳友會中国拳法連盟特別顧問／酔拳師。著書に『「アイデアが出なくてもう無理！」と思ったら読む本　ニューロン発想法』（明日香出版社刊）がある。武蔵野大学アントレプレナーシップ研究所客員研究員。

上野 郁江／Ikue UENO

株式会社エディットブレイン 代表取締役

一般社団法人クリエイティブ思考協会理事

人や会社を編集するエディトリアル・コンサルタント。人の持つ強みや、会社の独自性を発見して、情報発信についてアドバイスする。編集スキルを「編集の文法」として体系化し「人に伝わる」文章の書き方支援、編集部構築支援プログラムなどを提供する。また、複雑に絡み合う事象を編集者の視点で可視化する「編集思考」を提唱。企業の事業戦略にそった情報発信の提案や新規事業支援も手掛け、編集スキルの可能性を社会に広げている。慶應義塾大学大学院システムデザイン・マネジメント研究科修士課程修了。同研究科研究員。著書に『才能に頼らない文章術』（ディスカヴァー・トゥエンティワン刊）がある。

本書をご購入いただいた方のためにスペシャルサイトをご用意しました。読者特典としてアーキタイプ50選にアクセスできるほか、今後も継続的に更新し、創造的思考に役立つコンテンツを充実させていく予定です。ぜひご活用ください。

https://creativethinking.jp/book-tokuten/

パスワード　creative2021

企画協力：NPO法人企画のたまご屋さん

創造的思考のレッスン
新しい時代を生き抜くビジネス創造力

〈検印廃止〉

著　者	芝哲也・上野郁江
発行者	坂本　清隆
発行所	産業能率大学出版部
	東京都世田谷区等々力 6-39-15　〒158-8630
	（電話）03（6432）2536
	（FAX）03（6432）2537
	（振替口座）00100-2-112912

2021年10月30日　初版1刷発行

印刷・製本所　日経印刷

（落丁・乱丁はお取り替えいたします）　　　　ISBN 978-4-382-15805-4

無断転載禁止